ARMORIAL GÉNÉ[illegible]

DE

L'ANJOU

D'APRÈS

LES TITRES ET LES MANUSCRITS DE LA BIBLIOTHÈQUE NATIONALE, ET DES BIBLIOTHÈQUES D'ANGERS, D'ORLÉANS, ETC. LES MONUMENTS ANCIENS, LES TABLEAUX, LES TOMBEAUX, LES VITRAUX, LES SCEAUX, LES MÉDAILLES, LES ARCHIVES, ETC.

PAR

M. JOSEPH DENAIS

OFFICIER D'ACADÉMIE,
Chevalier de l'ordre pontifical de Saint-Grégoire-le-Grand,
Membre de la Commission Archéologique de Maine-et-Loire, de la Société des Antiquaires de l'Ouest,
des Antiquaires de Normandie, des Sociétés historiques et archéologiques du Maine,
de Touraine, du Limousin, etc.
Membre de l'Académie Royale Héraldique italienne.

QUATORZIÈME FASCICULE

ANGERS

GERMAIN ET G. GRASSIN, IMPRIMEURS-LIBRAIRES
RUE SAINT-LAUD.

1883

*L'auteur de l'*Armorial *voudrait avant tout faire une œuvre consciencieuse, exempte, s'il était possible, d'omissions et d'erreurs. Il s'adresse à toutes les familles qui ont le droit de voir figurer leur nom dans cette publication, à tous les amis de l'histoire et de l'archéologie de notre province, les priant instamment de lui envoyer le plus tôt possible les renseignements, — et, s'il y a lieu, les rectifications, — qu'ils pourraient lui fournir et qu'il recevra toujours avec gratitude.*

J. D

Renou.

De gueules à trois molettes d'argent.

D'Hozier, mss., p. 950.

Losangé d'or et de sinople.

D'Hozier, mss., p. 1200.

Renou de la Feauté-en-Vallée; — dont Mathieu, maire d'Angers en 1685-1688, conseiller, juge, magistrat au présidial d'Angers.

D'argent au chevron de sinople posé sur un tertre de même.

Mss. 703. — Audouys, mss. 994, p. 149. — D'Hozier, mss., pp. 59, 570, donne au maire d'Angers, comme le jeton municipal : *D'or à un pin de sinople fruité d'or.* — De Soland, Bull. 69, p. 33, dit : *D'argent* au lieu *d'or.* — Gencien, mss. 996, p. 8, et le mss. 993 disent aussi : *D'or à un arbre au pied coupé d'azur.*

Renouardière (de la), v. des Hommeaux.

Renouf du Breuil.

D'azur à trois aiglons d'or ou *d'argent posés deux et un.*

Sceau, XVIIIe siècle.

Rentigni, v. de Ravenel.

Retal (du), v. Durtal.

Rethel (de).

De gueules à trois rateaux emmanchés d'or.

Mss. 995, p. 56.

Retours (de) du Coudray, — de la Motte-Cormenant, — de Launay.

D'azur à trois besans d'or posés deux et un.

Audouys, mss. 994, p. 157.

Retz (Gilles de), duc de Bretagne, amiral de France en 1450.

D'hermines à la bordure échiquetée d'or et d'azur de trois traits.

Mss. 995, p. 60. — V. de Gondry, — Chabot.

Reuguelinnière (de la), v. Bled-Nouveau.

Reveillé de la Fosse ; — dont Joseph, un des officiers de la compagnie des deux cents chevaux-légers de la garde ordinaire du roi, 1697.

D'azur à un chevron d'or accompagné de trois étoiles de même, deux en chef et une en pointe, celle-ci supportant un hibou au naturel.

D'Hozier, mss., p. 611. — Le même, p. 1033, dit : *D'argent à une croix engrelée de sable.*

Revellière.

D'azur à une bande d'argent.

D'Hozier, mss., p. 917.

Reverdy.

D'or à un arbre de sinople.

D'Hozier, mss., p. 1279.

Reverdy du Petit-Marcé.

D'azur à trois têtes de sanglier arrachées d'argent éclairées de gueules.

Audouys, mss. 994, p. 155. — Armorial, mss. de Dumesnil, p. 18. — D'Hozier, mss., p. 103. — Mss. 439.

Rhetelais (de), v. de la Porte.

Riant de Villeray.

Écartelé aux premier et quatrième de gueules à trois bandes d'argent chargées de merlettes de sable ; aux deuxième et troisième d'argent à six annelets de gueules ; sur le tout de gueules à deux bars adossés d'or, semé de trèfles de même.

Gohory, mss. 972, p. 126.

Ribaillerie (de la), v. Chenu.

Ribaudière (de la), v. de Saint-Ouin.

Ribault.

De sinople à trois merlettes d'argent.

D'Hozier, mss., p. 956.

Ribault (Maurice), curé de Cisay, 1684.

D'azur à un chevron d'or accompagné en chef de deux étoiles d'argent et en pointe d'une montagne à six copeaux de même.

D'Hozier, mss , p. 618.

Ribault de Thuisseau.

De gueules à troix croix ancrées d'argent, posées deux et une,

Sceau.

Ribier (de).

D'or à un pal d'azur écartelé d'azur à une bande d'or.

D'Hozier, mss., p. 1512. — V. de Meulion.

Ribier de Bousay.

D'azur à un croissant d'argent au chef de gueules chargé de trois étoiles d'or.

Mss. 439. — Audouys, mss. 994, p. 155.

Ribou (de), v. de l'Espinay, — d'Andigné, — Bossoreille.

Riboulle d'Assé-le-Riboulle, — de Montfaucon ; — dont Foulques, chevalier du Croissant, 1464 ; Robert, chanoine de Saint-Maurice d'Angers et secrétaire du duc d'Anjou, 1516.

Endenté d'argent ou *d'or et d'azur de huit traits.*

Supports : *Deux lions.*

Cimier : *Une tête de loup.*

Mss. 993, 999 et 1000.

Ribouté (de la), v. Le Houx.

Richard.

D'or à une bande d'azur écartelée d'azur à une barre d'or.

D'Hozier, mss., p. 1522.

De gueules à un taureau d'or.

D'Hozier, mss., p. 1029.

De sinople à un chevron d'or accompagné de trois besans de même.

D'Hozier, mss., p. 880.

D'argent à une croix de gueules chargée de cinq besans d'or.

D'Hozier, mss., p. 891.

D'or à trois fasces ondées d'azur.

D'Hozier, mss., p. 919.

Richard de Saint-Denis.

Écartelé aux premier et quatrième d'or frettés de gueules ; aux deuxième et troisième d'azur à trois gerbes d'or et au croissant péri en cœur d'argent.

Mss. 993.

Richard de Beauchamps, — des Gringuenières.

D'azur à deux branches de palmier d'argent ou *d'or posées en sautoir, cantonnées de quatre besans d'or.*

Sceau. — Audouys, mss. 994, p. 157.

Richard du Ruisseau-Doré, — de Bois-Travers, — de Castelnau, — de Châteaubriant; — dont deux maires d'Angers, Jacques en 1565-1566, et Jean, 1586; Louis, chevalier de Saint-Louis en 1789.

D'azur au chevron d'or accosté de trois besans d'or posés deux en chef et un en pointe.

Audouys, mss. 994. p. 153. — Mss. 993. — Gencien, mss. 996, p. 5. — Gaignières, Armorial, mss., p. 85. — Le mss. 703 et Gohory, mss. 972. pp. 153, 155, disent... *trois roses* au lieu de *trois besans...*

Richardaye (de la), v. de Portebise.

Richardière (de la), v. Cuissart, — Aubert.

Richaudaie (de la), v. Rousseau.

Richaudeau.

De sable à un sautoir d'or.

D'Hozier, mss., p. 929.

D'azur à une rivière d'argent posée en fasce.

D'Hozier, mss., p. 870.

Richaudeau (de) de Pernay, — de la Boissière, — de Mongeville, — de Loizellière.

D'azur à trois chevrons d'or.

Mss. 439. — D'Hozier, mss., p. 173.

Richaudeau de la Noë.

De gueules à trois losanges d'or posés en fasce ; au franc quartier d'argent chargé d'un lambel de trois pendants de gueules.

Roger, mss. 995, p. 11. — Gencien, mss. 994, p. 61. — Gohory, mss. 972, p. 65. — Gaignières, arm., mss., p. 46. — Audouys, mss. 994, p. 148, dit *d'azur* au lieu de *gueules.*

Richaudeau du Tremblay ; — dont Jean, maire d'Angers en 1527.

D'azur à une quintefeuille d'or accompagnée en chef de deux étoiles de même et d'un croissant montant d'argent en pointe.

Audouys, mss. 994, p. 153. — Gaignières, arm., mss., p. 83, Gencien, mss. 996, p. 3, et le mss. 993 disent un *trèfle d'or* au lieu d'une *quintefeuille.*

Richaudière (de la), v. Aymar.

Richaume ou **Richomme** de la Gouberie ; — dont François, chevalier de Malte en 1574.

D'azur à trois cottes d'armes d'argent posées en fasce deux et une.

Mss. 703. — Audouys, mss. 994, p. 146. — Gencien, mss. 996, p. 61, et le mss. 995, p. 114, disent... *trois cottes d'or...*

Richebourg (de), v. de Goislard, — Brehier.

Richelieu (duché-pairie de), en Touraine, dont la mouvance ressortissait de l'Anjou.

D'argent à trois chevrons de gueules.

P. Anselme, pp. 538 et 548. — Audouys, mss. 994, p. 137. — Gencien, mss. 996, p. 55. — Mss. 995, p. 69. — Mss. 993. — V. du Plessis, — de la Croix.

Richemont (de).

De Bretagne au lambel de gueules de trois pièces lionnées ou léopardées d'or, qui est d'Angleterre.

Mss. 995, p. 59.

Richer de Monthéard, — de Beauchamps, — du Breil, — de Neuville, — de Rodes, — de la Morelière, — de Gaigné, — de Boismaucler, — de Montauban, — d'Aube, — de la Rochejaquelein, — de St-Germain-sous-Daumeray, — dont Jacques Richer-Goupil de Monthéard, président du présidial de La Flèche, en 1625; Louis, dit *La Flèche*, évêque de Trois-Rivières (Canada), en 1870.

D'or au chevron de gueules, chargé de trois croisettes d'or, accompagné de trois bleuets au naturel (d'azur) tigés et feuillés de sinople et posés deux et un.

Cimier : *Une croix d'or.*

Supports : *Deux lévriers d'argent, la tête contournée, colletés de gueules, le collier bordé et bouclé d'or.*

Devise : *Honos et fides.*

D. P. — Lettres patentes d'anoblissement. — Le mss. 439 donne aux branches du Breil et de Monthéard : *le chevron accompagné de deux roses de gueules feuillées de sinople*, bien que les armes ci-dessus soient portées aujourd'hui par le baron de Beauchamps-Monthéard.

Richer de Boisclos, — des Vaux ; — dont Nicolas, maire d'Angers, 1554-1555.

D'azur à la croix alaisée d'argent, posée sur une élévation de trois degrés ; au soleil d'or en chef accosté de deux étoiles aussi d'or.

Gaignières, Armorial, mss., p. 85. — Mss. 703. — Audouys, mss. 994, p. 153. — Mss. 993. — Gencien, mss. 996, p. 4. — Gohory, mss. 972, p. 152, ne donne pas *le soleil d'or* pour le maire d'Angers. — V. Beaumont.

Richerie (de la), v. Luthier.

Richeteau (de).

D'or à un murier de sinople fruité de sable; le chef d'azur chargé de trois étoiles d'or.

Sceau.

Richetière (de la), v. Toublanc.

Ricordeau ou **Rigordeau** de Lorme, — de la Moinière, — de la Roche-Talbot, — de la Cheulardière.

De gueules à l'épi de blé d'or posé en pal, surmonté d'un croissant montant d'argent.

Gaignières, Armorial, mss., p. 27. — Audouys, mss. 994, p. 148. — Gohory, mss. 972, p. 43. — Gencien, mss. 996, p. 62.

Ricoulaie (de la), v. de Russon.

Ricouard de la Mauvoisinière, — de Bouzillé.

D'azur à une ombre de soleil d'or, au chef d'argent chargé d'un lion léopardé de sable.

Mss. 703.

Rideo (du) de Parpacé ; — dont Mathurin, assesseur criminel de Baugé, docteur en l'Université de Padoue ; Laurent, avocat au Parlement de Paris ; Mathurin, doyen des gentilshommes ordinaires de la vénerie du roi, 1680.

D'azur à un chevron d'or accompagné en chef de deux écussons et en pointe d'une flèche de même en pal, la pointe tournée vers le chef.

Tombeau sculpté, XVIIe siècle, dans l'église de Bocé. — Carré de Busserolle.

Ridouet (de).

D'argent à trois carreaux de gueules posés deux et un.

D'Hozier, mss., p. 672.

Ridoüet (de) de la Galaisière, — de Sanzay ou Sancé, — de la Giraudière, — de Rouveau, — de Montiengouin, — de Burons ; — dont Jacques, écrivain du XVIe siècle.

De sable à trois triangles d'or rangés en fasce, accompagnés de trois molettes aussi d'or à l'orle ou bordure de même.

Audouys, mss. 994, p. 153. — D'Hozier, mss., pp. 304, 421. — Mss. 439. — Peinture, église de Montpollin.

Rié (de), v. Blondel.

Rieux (de), v. Dauvet.

Rieux (de) d'Asserac, — de la Ragottière.

D'azur à cinq besans d'or posés en sautoir.

Gohory, mss. 972, p. 91. — Audouys, mss. 994, pp. 148, 158. — Mss. 995, p. 68. — Gencien, mss. 996, p. 62. — P. Anselme, p. 554. — Audouys, pp. 158, 46, le mss. 993 et Gencien, mss. 996, p. 62, disent... *dix besans d'or posés quatre, trois, deux, un.*

Rigauderie (de la), v. Boissard, — Le Bailleul, — Rigaud.

Rigaudière (de la), v. Rigault.

Rigault.

De gueules au chevron d'argent.

Sceau.

D'azur au chevron d'or accompagné de trois croissants d'argent celui de la pointe surmonté d'une étoile d'or.

D'Hozier, mss., p. 991.

Rigault de la Menievère.

D'or à une fasce de gueules accompagnée en chef de deux étoiles d'azur et en pointe d'une aigle de sinople, le vol abaissé.

D'Hozier, mss., p. 674.

Rigault de Bouzillé ; — dont Olivier, chevalier de Malte en 1630.

D'argent à trois besans ou *tourteaux de sable posés deux et un.*

Gaignières, p. 52. — Mss. 703. — Gohory, mss. 972, p. 129.

Rigault de la Rigaudière, — de la Vallée.

D'or au chevron d'azur accompagné de trois macles de gueules, deux en chef et une en pointe.

Audouys, mss. 994, p. 147. — Gencien, mss. 996, p. 61. — Gaignières, armorial, mss., p. 62. — Mss. 995, p. 117. — Roger, mss. 995, p. 13. — Gohory, mss. 972, p. 89.

Riglonnière (de la), v. Clérembault.

Rigné (de) de la Vrillière, — de la Lucardière, — de Verrerie.

D'or à la croix de gueules frettée d'argent.

Mss. 439. — V. de la Guerche.

Rigny (de), v. de la Viallière.

Rigordeau, v. Ricordeau.

Rigou, v. Benoist.

Rillé (de), v. Lespagneul.

Rillé (prieuré de).

D'argent à un pal de sinople écartelé de sinople à une bande d'argent.

D'Hozier, mss., p. 1530.

Rilly (de), v. du Pont.

Rimberdière (de la), v. Bitault.

Rinnière (de la), v. Chevalier.

Ripaudière (de la), v. de la Primaudaie.

Riolland.

D'azur à un chevron d'or accompagné en chef de deux étoiles d'argent, et en pointe d'une rose de même.

D'Hozier, mss., pp. 68, 585.

Riottelaie (de la), v. Brehier.

Riou (de), v. Berault, — Bitault.

Rioude (de), v. Eslys.

Rioux, v. Beraud.

Ripaille (de la), v. de Bonnerrier.

Ripoche.

D'azur à trois chevrons d'argent.

D'Hozier, mss., p. 970.

Ris (de), v. Goujon.

Rivau (du), v. du Plessis, — de Beauveau, — Croisset, — Petit.

Rivau (du) de Besté, — du Plessis-Milon.

De gueules à la fasce fuselée d'argent de sept pièces.

Audouys, mss. 994, pp. 154, 155. — Armorial, mss. de Dumesnil, p. 18. — Mss. 993.

Rivaudes (de).

D'argent à la fasce de gueules, au lion issant de sable en chef.

Audouys, mss. 994, p. 149. — Gencien, mss. 996, p. 61. — Mss. 995. — V. Rivodes.

Riveraie (de la), v. de Bonvoysin.

Riverain des Granges, — de la Poissonnière.

D'argent à une fasce d'azur, écartelé d'azur à un pal d'argent.

D'Hozier, mss., p. 1510.

Rivecourt ou **Rincourt** de la Motte-Cheorçon, — de la Foliette.

D'argent au lion de gueules accompagné en chef de deux molettes d'azur.

Audouys, mss. 994, p. 155. — Armorial, mss. de Dumesnil, p. 18. — Mss. 439.

Rivière (de la).

D'argent à trois fasces d'or.

Sceau.

De sinople à une bande ondée d'argent.

D'Hozier, mss., p. 1253.

De gueules à un lion passant d'or.

D'Hozier, mss. 914. — V. Poncé, — du Mesnil, — Yver. — de Cerizay, — Rabastet, — de Cordon, — du Cormier, — du Buat, — d'Orvaulx, — de la Motte, — Joubert, — de Goubis, — Pouillé, — Amyot, — Deniau, — Coustis, — Brillet, — Bernard, — de Cambourg, — Bonfils, — Petit, — Turpin, — Camus, — Le Maçon.

Rivière (de la) de la Roche-Tabuteau.

Fuselé d'or et de gueules au franc quartier d'hermines.

Audouys, mss. 994, p. 155. — Armorial, mss. de Dumesnil, p. 18. — Le mss. 439 dit... *d'azur à la fasce fuselée de gueules...*

Rivière (de la), de la Bellonnière ; — dont Pierre, taxé deux écus pour la rançon du roi Jean, en 1360, entre les nobles de Chantoceaux ; et un autre seigneur de la Rivière, taxé trois écus entre les nobles de Beaupréau.

D'or à cinq fusées de gueules posées en fasce au franc quartier d'hermines.

Audouys, mss. 994, p. 155. — De Courcy. — Le mss. 703 ajoute : *cinq croix ancrées d'azur.*

Rivière (de la), de Boulay, — de Montigné ou Montigny, — de-Brêche, — de la Morlière.

D'azur à trois fasces d'or à dix besans de même posés en orle.

Audouys, mss. 994, pp. 149, 157. — Gencien, mss. 996, p. 61. Le mss. 439 donne aux branches de Montigny et de Brêche : *D'or à trois fasces d'azur*, et à la branche de la Morlière : *D'argent à trois fasces de gueules.* — La généalogie de Broc donne à la maison de la Rivière de Montigny :

De sable à trois fleurs de lis d'or au chevron d'argent.

Rivière (de la) de Mesangeau.

D'argent à trois massacres de gueules surmontés d'une aigle éployée de sable.

Mss. 993.

Rivière (de la) de la Roche, — de Vaux.

D'argent à cinq têtes de dauphin d'azur posées deux, une et deux.

D'Hozier, mss., p. 347.

Rivière (de la) du Plessis-de-Vergonne.

D'argent à trois chevrons de gueules.

Armorial, mss. de Dumesnil, p. 18. — Audouys, mss. 994, p. 157. — Mss. 439.

Rivière (de la) de Saint-Germain.

D'azur à la croix engrelée d'or.

De Courcy.

Rivière (de la) d'Auvergne, — de la Chauvellière.

D'argent à la croix pattée de gueules.

Généalogie, mss. de Quatrebarbes.

Rivodes.

Armé, écartelé d'or et de sable.

Mss. 995, pp. 113, 57. — V. Rivaudes.

Roannois (de), v. de Gouffier, — de Bonnivet.

Robbe (de la), v. Rabeil.

Roberdière (de la), v. Voisin.

Robert; — dont Pierre, taxé deux écus pour la rançon du roi Jean, en 1360, entre les nobles de Chantoceaux.

De sinople à un chevron d'or.

D'Hozier, mss., p. 1192.

Echiqueté d'or et de gueules.

D'Hozier, mss., p. 1203.

Echiqueté d'argent et de sable.

D'Hozier, mss., p. 1131.

D'or à trois fasces ondées d'azur.

D'Hozier, mss., p. 1210.

D'azur à une bande d'argent chargée de trois rustres de gueules ajourés d'or.

D'Hozier, mss. 307.

Robert des Marchais, — de la Barre ; — dont René, maire d'Angers en 1715 ; René, sénéchal de Craon en 1690, etc.

Coupé d'azur et d'argent, le premier au lion rampant d'or, armé et lampassé de gueules en chef, et le second à trois roses de gueules posées deux et une en pointe.

V. De Soland, Bull. de 1862, p. 104. — Audouys, mss. 994, p. 147. — Mss. 993. — Mss. 703. — Les trois jetons connus du maire portent les devises, de circonstance : *Unus homo restituit rem ; Formæ te reddo priori,* et *Esto jam libera.*

Robert de la Logerie, — de la Lezardière.

D'argent à trois quintaings de gueules.

Audouys, mss. 994, p. 154.

Robieu (de).

D'azur billetté d'argent.

Sceau.

Robin.

De gueules à trois étoiles d'argent.

D'Hozier, mss., p. 1136.

D'or à une fasce de gueules accompagnée de trois merlettes de même, deux en chef et une en pointe.

D'Hozier, mss., p. 867. — V. de Malmouche.

Robin de la Tremblaye, — de Mortdon, — du Pimpéan, — d'Artigny, — du Faux ; — dont Louis, chevalier de Malte en 1623.

De gueules à deux clefs d'argent posées en sautoir, accompagnées d'une coquille d'argent posée en chef et de trois trèfles d'or placés un à chaque flanc de l'écu, et le troisième en pointe.

Mss. 439. — Audouys, mss. 994, p. 146. — Mss. 995, p. 80. — D'Hozier, mss., p. 162. — Gencien, mss. 996, p. 60. — L'hist. de Malte et le mss. 703 disent... *de gueules au griffon d'argent armé et becqué d'or, accompagné de trois croissants de même...*
Gaignières, Armorial, mss., p. 42, dit aussi :
De gueules à deux clefs d'argent posées en sautoir, accompagnées de quatre trèfles d'or posés un en chef, deux en flancs et un en pointe.
D'Hozier, mss., p. 1347, ajoute aux Robin de la Tremblaye :
D'or à trois robes de sable posées deux et une.

Robinaye (de la), v. Cupif.

Robineau (de) de Bougon.

D'azur semé d'étoiles d'or, à la bande d'or sur le tout.

Sceau.

Robineau de Rochequairie, — de la Vergne, — de la Vigne, — de Merleac, — du Roude, — de la Renollière, — de la Chauvinière, — de la Maisonneuve, — du Plessis-Gastineau; — dont Daniel, capitaine de cent hommes d'armes, en 1599; Daniel, capitaine au régiment de Poitou, en 1646, etc.

De gueules à la croix ancrée d'argent, le chef d'argent chargé de cinq tourteaux de gueules posés en fasce.

La Chesnaye-des-Bois, 3e éd., tome XVII, p. 180.

Robtière (de la), v. Sibel.

Roc (de la), v. de Lartigue, — de la Roë.

Rochardière (de la), v. de la Villeblanche.

Roche (de la).

D'or à trois fleurs de lis de gueules.

Audouys, mss. 994, p. 148. — Roger, mss. 995, p. 10. — Gaignières, Armorial, mss., p. 35. — Mss. 995, p. 116. — Gencien, mss. 996, p. 61.

De gueules à trois rocs d'échiquier d'argent posés deux et un.

D'Hozier, mss., p. 889.

De gueules à une fasce d'or accompagnée de trois rocs d'échiquier d'argent.

D'Hozier, mss., p. 890. — V. d'Apelvoisin, — Avril, — Bastard, — Le Batard, — de Jousselin, — Baudry, — Davy, — de Chenedé, — Barot, — Chivré, — Couette, — de la Barre, — de Broc, — de Scépeaux, — de Portebise, — Moreau, — Ogarot, — Maumel, — Leroy, — Leroux, — Le Devin, — Jarret, — Jacquelot, — Denais, — de la Faucille, — de Salles, — Heard, — Audouin, — Pissonnet, — de l'Esperonnière.

Roche (de la) de Daillan, — de Barot, — du Ponceau, — de Coron, — de la Maisonneuve, — de Saint-Laurent, — de la Lande, — de la Boullaye, — de Beaupréau ; — dont Jehan, taxé trois écus pour la rançon du roi Jean, en 1360, entre les nobles du Grand ou Petit Montrevault ; Louis, chevalier de Malte en 1450.

De gueules à trois fasces ondées d'hermines.

Gaignières, Armorial. mss., p. 35. — Gohory, mss. 972, p. 52. — Audouys, mss. 994, p. 148. — Roger, mss. 995, p. 10. — Mss. 703. — Mss. 995, p. 97. — Un ancien armorial mss. du séminaire d'Angers donnait aux de la Roche du Ponceau :

D'argent à deux fasces ondées de gueules.

Audouys, mss. 994, p. 153, donne aux branches de Coron, de la Touche-Perrault, de la Chaussée, de la Boullaye, de Daillan, du Plessis-Auvaing, de la Couture et de la Motte :

D'argent à trois fasces ondoyantes de gueules. — Le mss. 703 dit : *Fascé, anté, ondé d'argent et de gueules.*

Roche (de la) de Bedein.

D'or à la fasce d'azur.

Audouys, mss. 994, p. 154. — Généalogie de Champagné. — Mss. 993.

Roche-Andebeuf (de la), v. de la Hunne.

Roche-au-Duc (de la), v. Courtet.

Roche-aux-Filles (de la), v. de la Grandière.

Roche-aux-Moines (de la), v. Le Tourneux.

Roche-Aymar (de la), v. de Quinemont.

Roche-Baraton (de la), v. Baraton.

Roche-Bardoul (de la) de l'Espronnière.

D'hermines fretté de gueules, au chef losangé d'or et de gueules.

Mss. 995, p. 84. — V. de l'Épronnière.

Roche-Bellouin (de la), v. du Genest.

Roche-Bernard (de la), v. de Cambout.

Roche-Boisseau (de la), v. de Fesques, — de Souvigné, — Boisseau, — de Seillons.

Rochebonne (de), v. de Châteauneuf, — de Vaugirault.

Roche-Bouet (de la).

Palé d'argent et d'azur de six pièces.

Audouys, mss. 994, p. 158. — Gencien, mss. 996, p. 62. — Gohory, mss. 972, p. 119. — V. Grimaudet, — Morel, — de la Croiserie.

Roche-Bouju (de la), v. de Melay.

Roche-Bourdon (de la), v. de Bourdon.

Roche-Bousseau (de la), v. de Souvigny.

Roche-Brisart (de la), v. Thevenin.

Roche-Brochard (de la).

D'argent à un pal de gueules accompagné de deux pals d'azur.

Sceau.

V. Le Maignan, — de Brye.

Roche-Charbonneau (de la), v. de la Guichardière.

Rochechouart (de) de Mortemart, — de Vivonne; — dont Jean, abbé de Saint-Serge, évêque de Laon, 1732; et deux abbesses de Fontevrault : Marie-Magdeleine-Gabrielle-Adelaïde, † 1704, et Louise-Françoise, † en 1742; la marquise de Montespan, etc.

Fascé, nébulé d'argent et de gueules de six pièces.

Père Anselme, tome IV. — Sceaux. — Tableau de l'Annonciation, représentant Mme de Montespan dans l'église de Beaufort (XVIIe siècle).

Roche-Clermault (de la), v. Gillier.

Roche-Coisnon (de la), v. de Couaïsnon.

Rochecorbon (de), v. de Maillé, — Malestroit.

Roche-Courcillon (de la), v. de Serreau.

Roche-Coutant (de la), v. Lehoux.

Rochedain (de la), v. Dain.

Roche-de-Broc (de la), v. de Broc.

Roche-de-Clefs (de la), v. Dosdefer.

Roche-d'Écuillé (de la), v. de Chivray, — de Brye.

Roche-de-la-Forêt (de la).

De gueules à trois rocs d'échiquier d'or.

De Courcy, Arm. de Bretagne.

Roche-des-Aubiers (de la), v. de Servient, — Le Roux.

Roche-de-Vaux (de la), v. de la Rivière.

Roche-d'Iré (de la), v. d'Andigné, — Fouquet, — des Perriers, — de la Trémouille, — de Laval, — d'Iré.

Roche-Faton (de la) ; — dont Françoise, abbesse de Nyoiseau, 1523, † 1540.

De gueules à trois fleurs de lis d'or posées deux et une.

La Chesnaye-des-Bois, 3e éd., tome XVII, p. 312.

Rocheferrière (de la).

D'argent au chevron de sable accompagné de trois roses de gueules.

Gohory, mss. 972, p. 27. — Audouys, mss. 994, p. 147. — Gaignières, Armorial, mss., p. 35. — Roger, mss. 995, p. 15. — Gencien, mss. 996, p. 61. — V. d'Aubigné.

Rochefordière (de la), v. Hubert.

Rochefort ; — dont Payen, sénéchal d'Anjou ; Richard, rétabli par Jean-sans-Terre en 1214.

Vairé d'or et d'azur.

Gaignières, p. 42. — Le mss. 703 dit : *D'argent au lion de gueules.* — V. Branca.

Rochefort des Rieux, — de Précort.

Vairé d'or et de gueules.

Gohory, mss. 972, p. 103.

Rochefort-d'Ally (Louis de), abbé de Saint-Nicolas d'Angers, évêque de Châlons, 1767.

De gueules à la bande ondée d'argent, accompagnée de six merlettes de même posées en orle.

Supports : *Deux anges en soutane bleue de diacre.*

La Chesnaye-des-Bois, 3e éd., tome XVII, p. 337. — Père Anselme, tome VI.

Rochefoucault (de la) de Durtal, — de la Rocheguyon, — de Marillac, — de Neuilly, — de Chalain-la-Potherie, — du Bouchet.

Burelé d'argent et d'azur de dix pièces à trois chevrons de gueules brochant sur le tout.

Quelques membres de cette maison portaient... *le premier chevron écimé pour bordure...*

Supports : *Deux sauvages de carnation.*

Cimier : *Une fée échevelée.*

Devise : *C'est mon plaisir.*

Vitrail de l'église du Bourg-d'Iré. — Audouys, mss. 994, p. 149. — Croisades. — Mss. 993. — Mss. 995, p. 65. — Gencien, mss. 993, p. 60. — Sculpt., XIXe siècle, château de Chalain.

Roche-Fromont ou Fourmont (Fromont de la).

D'azur à l'étoile d'or en cœur, accompagnée de six besans de même posés trois en chef, deux en flanc et un en pointe.

Audouys, mss. 994, p. 147. — Gohory, mss. 972, p. 23. — Roger, mss. 995, p. 15. — Mss. 995, p. 113. — Gencien, mss. 996, p. 61. — Gaignières, Arm., mss., p. 35. — V. de Domaigné.

Roche-Garenne (de la), v. du Perray.

Roche-Gaultron (de la), v. Gaultier.

Roche-Giffart (de la), v. de la Chapelle, — de Champagné, — Giffart.

Roche-Girard (de la), v. Dureyl.

Roche-Gravé (de la), v. de Gravé.

Rocheguyon (de la), v. de la Rochefoucault.

Roche-Hue (de la).

D'argent fretté de gueules.

Gohory, mss. 972, p. 83. — Gaignières, Armorial, mss., p. 35. — Le mss. 703 dit : *D'argent au chevron de gueules accompagné de trois coquilles de même.* — V. de Domaigné, — d'Espeaux.

Roche-Huon (de la), v. du Pont.

Roche-Jagu (de la), v. d'Acigné.

Rochejaquelin (de la), v. Le Maire.

Roche-Joulain (de la), v. Gourreau.

Roche-Lambert (de la).

D'argent au chevron d'azur, le chef de gueules.

Sceau.

Roche-Maillard (de la), v. des Homeaux.

Roche-Maillet (de la).

D'azur à trois merlettes d'or posées deux et une.

Gaignières, Armorial, mss., p. 35. — Audouys, mss. 994, p. 146. — Gohory, mss. 972, p 119. — Roger, mss. 995, p. 13. — Gencien, mss. 996, p. 62. — Audouys, mss. 994, p. 155, Roger, mss. 995, p. 20, Gaignières, Armorial, mss., p. 58, Gohory, mss. 972, p. 79, et le mss. 995, p. 106, disent... *d'azur à trois gerbes d'or*... — V. Michel, — Baudry, — de Girois.

Roche-Melay (de la) ou **Roche-Milet** (de la), v. Rouxelé.

Roche-Normand (de la) de la Bigottière.

Burelé d'argent et d'azur chargé de cinq chevrons de gueules brochant sur le tout.

Audouys, mss. 994, p. 148. — Mss. 995, p. 84. — Gencien, mss. 996, p. 60. — Gaignières, Armorial, mss., p. 26, Gohory, mss. 972, p. 47, et Roger, mss. 995, p. 10, disent... *cinq burelles de gueules et trois chevrons d'azur...* — V. de Champagné.

Roche-Noyant (de la), v, Lailler, — de la Grandière, — de Scépeaux.

Roche-Piau (de la), v. de Jarzé.

Roche-Pichemer (de la), v. Bourré, — du Plessis, — de Montesson.

Roche-Pomerieux (de la), v. Roger.

Roche-Portal (du).

De sable à un lion d'argent couronné d'or.

Mss. 995, p. 75.

Roche-Posay (de la), v. du Chastaignier, — Aubin.

Rochepot (de la), v. d'Angennes, — Le Goux, — de Silly.

Rochepot de Sully.

Écartelé aux premier et quatrième d'hermines à la fasce ondée de gueules à trois besans de même rangés en fasce ; aux deuxième et troisième bandés de... et de...

Audouys, mss. 994, p. 151.

Rochequairie (de), v. Robineau.

Roche-Quentin (de la), v. Aimar, — Aymar.

Rocher (du).

De gueules à une bande échiquetée d'or et d'azur de trois traits.

D'Hozier, mss., p. 981.

D'azur à une fasce d'or accompagnée de trois rochers d'argent, deux en chef et un en pointe.

D'Hozier, mss., pp. 871, 901.

De gueules à trois écus d'or posés deux et un.

Audouys, mss. 994, p. 158. — Gencien, mss. 993, p. 62. — V. Le Gras, — Ayrault.

Rocher de la Perrerie, — des Chesnaux, — de la Fosse, — des Perrès, — de la Marche ; — dont un prieur de Saint-Blaise à Paris, chevalier de l'ordre royal et militaire du Saint-Sépulcre de Jérusalem ; René-Louis, avocat au parlement et au présidial de La Flèche, maire de cette ville en 1802, chevalier de la Légion-d'Honneur et du Lis ; Simon, conseiller du roi, commissaire aux saisies réelles de La Flèche, 1698 ; Jean, conseiller du roi, élu en l'élection de Château-du-Loir, XVIIe siècle.

De sable au rocher d'or.

La branche de Perrès portait : *D'argent au rocher de sable sortant d'une mer ondée de sinople à une fasce d'azur chargée de trois étoiles d'or rangées.*

D. P. — Cabinet de M. Lambron de Lignim. — De Maude. — D'Hozier, mss., p. 1436.

Rocherais (des), v. de la Vallée.

Roche-Ramée (de la), v. de la Jaille.

Rocherau, v. Bitault.

Rochère (de la), v. de la Rachère.

Rochereul (de).

De sable semé de coquilles d'argent, au franc quartier de gueules à trois épées d'argent en pal.

Gaignières, Armorial, mss., p. 26. — Audouys, mss. 994, p. 148. — Roger, mss. 995, p. 19. — Gencien, mss. 996, p. 62. — Gohory, mss. 972, p. 62.

Rocherie (de la), v. Heullin.

Roches (des).

De sinople au lion d'argent.

Mss. 993. — V. Boylesve, — Fleuriot, — Boureau, — du Tertre, — Le Clerc, — Fumée, — Gaudicher, — Eslys, — des Landes, — Bourré, — Colasseau, — de Craon, — Mocet, — de Pincé, — Perrault.

Roches (des) de Sablé, — de Briolay, — de Maillet, — de Château-du-Loir, — de Châteauneuf, — de Longué, — de la Roche-Serrant; — dont Geoffroy, chevalier banneret sous Philippe-Auguste.

D'argent à la bande fuselée de gueules à la bordure de sable, besantée d'or de huit pièces.

Mss. 703. — Audouys, mss 994, p. 153. — Gaignières, Armorial, mss., p. 4. — Mss. 995, p. 82. — Gencien, mss. 996, p. 60. — Guillaume des Roches, sénéchal d'Anjou, scellait *d'argent à une bande losangée de quatre pièces de gueules au lambel de cinq pendants.*

Hist. de Sablé, p. 202. — Dessin au cartulaire de Marmoutiers. (Mss. de la Biblioth. Nationale, latin 5441, tome II, folio 243.) — Sceaux aux Archives Nationales.

Roches (Simon des), abbé du Louroux en 1508.

Roches-Chapelain (des), v. Gurie.

Roches-Courtemblay (des), v. de Renard.

Roches-de-Genés (des), v. Pelaud.

Roche-Serpillon (de la), v. de Serpillon.

Roche-Serrant (de la), v. des Roches.

Roche-Sevin (de la), v. Sevin.

Roche-Sibilen (Aliénor de la), abbesse du Ronceray, 1303.

Roches-Jarret (des).

D'argent à la hure de sanglier arrachée de sable, la gueule alaisée ou bordée de gueules, remplie d'une défense d'argent.

D. P.

Roches (des); — dont Guillaume, premier sénéchal héréditaire d'Anjou, 1204-1222.

D'argent à une bande fuselée de gueules.

Ménage, Hist. de Sablé, p. 202. — Guillaume scellait *de.... à une bande losangée de quatre pièces au lambel de cinq pendants.*

Roche-Tabuteau, (de la).

De gueules à une croix pattée d'argent.

D'Hozier, mss., p. 1134. — V. de la Rivière. — Le Gras.

Rochetaillé (de).

De gueules à la bande d'argent chargée de trois dauphins d'or.

Mss. 993.

Roche-Talbot (de la).

D'argent à la fasce de sable, accompagnée de six merlettes de même, trois en chef, deux en flanc et une en pointe.

Audouys, mss. 994, p. 148. — Roger, mss. 995, p. 10. — Gohory, mss. 972, p. 47, et Gaignières, Armorial, mss., p. 26, disent... *cinq merlettes, posées deux en chef et trois en pointe, deux et une.* — Gencien, mss. 993, p. 61, dit... *sept merlettes de sable posées quatre en chef, trois en pointe, et la fasce chargée d'un lion passant d'or...*

Roche-Talbot, (de la), v. d'Anjou, — de la Jaille, — d'Estain, — Ricordeau, — d'Aché.

Roche-Thibault (de la), v. de Contades, — Frezeau.

Rochethulon (de), v. Thibault.

Rochettes (des), v. de Brye.

Roche-Tuiard (de la), v. Barbot.

Rocheut (de la), v. Simonneau.

Roche-Verouillière (de la), v. Leroy.

Roche-Vernay (de la).

D'argent à trois fasces ondées de gueules.

Carré de Busserolle.

Rochevorient (de la), v. de Scepeaux.

Roë (de la).

D'argent à une roue de gueules.

Cauvain, Armorial du Maine. — V. de Pincé. — de Tessé,

Roë (de la) du Vau, — de la Noë ; — dont Jean et Joseph, écuyers de la compagnie du sire de Tournemine, en 1383.

De sable ou *d'argent à six annelets d'argent* ou *de sable posés trois, deux et un.*

Audouys, mss. 994, p. 149. — Le mss. 703 dit : *dix annelets posés quatre, trois, deux, un.* — Le mss. 439 dit... *d'argent à six rots de gueules.*

Roffie (de la), v. d'Allongny.

Rogebec (de) des Hayes.

Ondé d'argent et de sable de six pièces.

Audouys, mss. 994, p. 151.

Roger ou **Rogier** de Beaufort ; — dont Nicolas, archevêque de Rouen, en 1342 ; Pierre, évêque d'Arras, archevêque d'Arles, de Sens et de Rouen, cardinal en 1337, et pape, sous le nom de Clément VI, en 1342 ; Hugues, cardinal, évêque de Rodez et de Tulle, mort en 1363 ; Jean, archevêque d'Auch et de Narbonne, en 1365 ; Pierre, cardinal en 1348, pape sous le nom de Grégoire XI, en 1371, † en 1378.

D'or à la bande de gueules accompagnée de six quintefeuilles d'azur.

Audouys, mss. 994, p. 146. — Mss. 993. — Le mss. 703. et Gohory, mss. 972, p. 109, disent.. *la bande d'azur et les quintefeuilles de gueules...* — V. de Cleez, — Bahourd, — de Beaufort.

Roger de Campagnole, — de la Reauté, — de la Roche-Pomerieux.

D'argent à trois léopards de sable, au chef aussi de sable chargé de trois roses rangées d'argent.

Audouys, mss. 994, p. 148.

Roger-Ganne.

D'azur à trois canards d'argent becqués et membrés de gueules, posés en pal.

D'Hozier, mss., p. 1346.

Rogerie (de la) de Bahou.

D'argent à trois roses de gueules.

Gohory, mss. 972, p. 41.

Roges (des), v. de Quatrebarbes.

Rogier de Champagnolles; — dont Jean, taxé un écu pour la rançon du roi Jean, en 1360, entre les nobles de Chasteauceaux.

D'argent à trois léopards contournés de sable, le chef de sable chargé de trois roses d'argent.

De Courcy. — Gohory, mss. 972. — V. Roger.

Rognai (de), v. Clérembault.

Rogues de la Poëze.

D'argent à la croix de gueules cantonnée de quatre aigles éployées de sable.

Sceau.

Roguet.

D'argent à trois lions de gueules.

D'Hozier, mss., p. 1135.

De gueules à un chevron d'argent accompagné de trois roquets d'or, deux en chef et un en pointe.

D'Hozier, mss., p. 858.

Rohan (de) de Chastelais, — de Mortier-Crole ; — dont Pierre, maréchal de France, en 1475 ; Louis, sénéchal d'Anjou ; François, évêque d'Angers, en 1499, abbé de Saint-Aubin d'Angers, archevêque de Lyon, mort en 1536.

De gueules à neuf macles d'or posées trois, trois et trois.

Mss. 703.

L'évêque d'Angers portait sur un écu en bannière :

Ecartelé aux premier et quatrième, contrécartelé de gueules au rais d'escarboucle pommeté d'or, qui est de Navarre, *et de France au bâton componé d'argent et de gueules*, qui est d'Evreux ; *aux deuxième et troisième de gueules à neuf macles d'or, trois, trois et trois*, qui est de Rohan-Guéméné ; *sur le tout d'argent à la guivre d'azur issant de gueules, couronnée d'or*, qui est de Milan ; *l'écu brisé d'un lambel d'argent de trois pièces.*

Devise : *Spete l'hore.*

X. Barbier de Montault, armorial des évêques. — Lehoreau, n° 15, mss. de la bibliothèque de l'évêché d'Angers. — J. Balain, mss., p. 408. — Pocquet de Livonnière, n° 18. — Bruneau de Tartifume, p. 143-234, supprime le lambel. — Gaignières (portefeuille hist. et archéolog., église d'Angers, n° 164, d'après un autel de la cathédrale d'Angers), à la Bibliothèque nationale.

Roincé (de), v. Boreau.

Roirie (de la), v. Le Breton, — Petit, — Grimaudet.

Roisné, v. d'Estampes.

Roissé (de), v. Rouillé.

Rolland.

De sinople à une bande d'or, écartelé d'or à une bande de sinople.

D'Hozier, mss., p. 1524.

Rolland de Beauchesne.

De sable à la fasce d'argent.

Mss. 993.

Rolland (à Beaufort).

D'or à trois membres de griffon de gueules

D'Hozier, mss., p. 981.

Rollande, v. des Herbières.

Romagne-Erreau (de).

D'or à trois pals de sinople.

D'Hozier, mss., p. 926.

Romain.

D'azur à trois coqs d'or.

D'Hozier, mss., p. 916.

D'argent à trois bandes de gueules.

D'Hozier, mss., p. 894.

Romain de la Possonnière ou Poissonnière, — du Perray; — dont René, maire d'Angers, en 1743; René, officier au régiment d'Anjou avant 1789.

D'argent à l'aigle éployée de sable.

V. Soland, 62, p. 3. — Audouys, mss. 994, p. 147. — Le mss. 993 dit... *l'aigle membrée et becquée de gueules.*

Romanerie (de la), v. Louet, — de Pontoise.

Romans (des) de Fluines, — des Noyers, — de la Chouanière.

D'azur au chef d'argent chargé de trois croix pattées et rangées de gueules.

Mss. 439. — Audouys, mss. 994, p. 156. — Armorial, mss. de Dumesnil, p. 18. — D'Hozier, mss., p. 179. — Vitrail, XIXe siècle, église de Beaufort.

Romefort (de), v. de la Corbière, — de Jonchères.

Romier.

D'or à la gibecière de pèlerin d'azur houppée de même, chargée d'une coquille couronnée d'argent.

Audouys, mss. 994, p. 149. — Mss. 993.

Roncée (de), v. Bazot.

Ronceray (du), v. Sarrazin, — de Maillé, — Hamon, — Bernard.

Ronceray (l'abbaye du), v. Angers 7°.

Rondelière (de la), v. de Vahaye.

Ronger de la Borde.

De sable à deux lions affrontés d'or, lampassés et armés de gueules.

D'Hozier, mss., p. 163.

Rongère (de la), v. de Quatrebarbes, — du Bois.

Ronque (de la), v. de Quatrebarbes.

Ronsard (de).

De sable à deux chiens passants d'argent.

Dessin de Gaignières à Oxford, I, p. 233, d'après un tombeau.

Ronsart de la Poissonnière, — de la Lunoterie ou Linoterie ; — famille du poète, dont François, conseiller, secrétaire du roi et de Monseigneur le duc d'Anjou, lieutenant criminel à Beaufort, en 1577.

D'azur ou *de gueules à trois poissons d'argent posés en fasce l'un sur l'autre.*

D'après M. Ach. de Rochambeau, « la famille de Ronsart » était originaire des bords du Danube. C'est en souvenir de cette origine qu'elle porta trois gardons ou *ross* très communs dans ce fleuve. Des héraldistes, comme Palliot, *Vraie Science des Armoiries*, comme le mss. 995, p. 94, ont écrit *trois roses* au lieu de *trois ross* ou *poissons*.
Mss. 995, p. 94.

Ronseray (du), v. Ronceray.

Roques.

De gueules à six billettes d'or posées trois, deux, une.

D'Hozier, mss., p. 1132.

Roquemont (de), v. La Clef.

Roquepine (de).

D'argent au lion d'azur armé, lampassé et couronné de gueules.

Balain, p. 533. — V. du Bouzet.

Rortais (de) ou **Rorthays** de Marmande, — de Monbail, — de la Guierche, — de la Jaubretière, — de la Trape, — de la Dorbellière ou de la Durbellière, — de Concourson, — de la Mauffrière, — de la Motte, — de la Rochette,— de Beaulieu,— de la Savarière,— des Touches, — de Hautiré, — de la Poupelinière, — de Saint-Révérend, — de la Rochejaudouin ; — dont Gilbert, maréchal des camps, 1789 ; Regnaud, abbé de Gatines en 1418 ; Jacqueline, abbesse de Beaumont-lès-Tours en 1501 ; Urbain, prieur du Puy-Notre-Dame, abbé de Beaulieu, 1591.

D'argent à trois fleurs de lis de gueules, à la bordure de sable, chargée de besans d'or sans nombre.

Audouys, mss. 994, p. 148. — Gencien, mss. 996, pp. 101, 60.

Rortau de la Cretinière.

De gueules au lion d'or armé, lampassé et couronné d'argent.

Audouys, mss. 994, p. 153. — Roger, mss. 995, p. 17. — Gohory, mss. 972, p. 46. — Gencien, mss. 996, p. 62. — Gaignières, Armorial, mss., p. 41, dit... *le lion d'or armé et lampassé d'argent...*

Rorthais (de), v. Rortais.

Rose-Joulain (de la), v. Le Clerc.

Rosellière (de la), v. de Charnière.

Roseray (du), v. de Farcy.

Rossay (du), v. du Chastelet, — Chatels.

Rosse-Vignan.

D'or à la hure de sanglier de sable écrasée de gueules, les défenses d'argent.

Mss. 993.

Rossignol (du) de la Lizière, — du Bourgneuf, — de Damepont, — de Chantepie, — de Changé, — des Trées, — de Saint-Martin-du-Bois.

D'argent à six rossignols de gueules becqués et pattés d'or, posés deux et un, deux et un.

Ensuite ils écartelaient : *D'azur au chêne d'or.*

Mss. 703. — Audouys, mss. 994, pp. 152, 153. — Mss. 993. — La généalogie de Martigné ne donne que... *trois rossignols...*, ainsi que le mss. 703 qui dit... *les trois rossignols de sable...*

Rossignol (du), v. Le Bel.

Rostaing (de) de la Forest.

De gueules au lion d'or.

Mss. 993.

Rotlay (de), v. de Beauveau.

Rotours (de) de la Motte-Cormenant, — de Parigné.

D'azur à trois besans d'argent posés deux et un.

Audouys, mss. 994, p. 151.

Rouardière (de la), v. Baudry.

Rouaudière (de la) de Tesnières, — de Chanlivré, — du Thuvau.

De gueules à un lion léopardé d'or.

Audouys, mss. 994, pp. 147, 155. — Gaignières, Armorial, mss., p. 70. — Gencien, mss. 996, p. 61. — Roger, mss. 995, p. 16. — Gohory, mss. 972, p. 37. — V. Charlot, — Chevallier, — Pantin, — Jacquelot.

Rouault de Fronsac, — de Gamaches, — de Cayeux, — de Saint-Valery.

De sable à deux léopards d'or surmontés, armés et lampassés de gueules.

Supports : *Deux génies armés du corcelet et d'un pot en tête orné de panaches.*

Audouys, mss. 994, pp. 154, 156.

Roucelé.

D'or à trois bandes d'azur, et une bande d'argent bordée de gueules brochant sur le tout.

D'Hozier, mss., p. 178.

Rouchault, v. Rouault.

Rouertais de la Durbellière ou de la Dorbellière.

D'argent à trois fleurs de lis de gueules à la bordure de sable besantée d'or de huit pièces.

Gohory, mss. 972, p. 41. — Roger, mss. 995, p. 17. — Gaignières, Armorial, mss., p. 39, ne donne pas *la bordure.* — V. Rortais.

Rougé (de) du Plessis-Bellière, — des Rues, — de Chemillé, — de la Blouinyère, — de Laurière, — de Chollet, — de la Bizollière.

De gueules à la croix pattée d'argent.

Mss. 703. — Audouys, mss. 994, p. 126. — Croisades. — D'Hozier, mss., pp. 104, 235, 347. — Gohory, mss. 972, pp. 16, 116. — Armorial, mss. de Dumesnil, p. 18. — Roger, mss. 995, p. 1. — Mss. 993. — Mss. 995, p. 104. — Gencien, mss. 996, p. 60. — Mss. 439. — Gaignières, Armorial, mss., p. 77, donne *la croix pattée d'or.*

Rougé de la Perdillière.

De sable à deux lions affrontés d'or, armés et lampassés de gueules.

Audouys, mss. 994, p. 155. — Armorial, mss. de Dumesnil, p. 18. — Mss. 439.

Rougebec (de) des Hayes-Rougebec, — de Channay, — dont Émery, fondateur de deux chapelles dans l'église abbatiale de Bourgueil.

Fascé, ondé d'argent et de sable de six pièces.

Mss. 703. — Gaignières, Armorial, mss., p. 76. — Cauvain. — V. Sacé.

Rougier.

D'azur à trois massacres de cerf d'or posés deux et un.

Cauvain.

Rouhet.

D'azur au chevron d'argent accompagné de trois fleurs de lis d'or.

Mss. 995, p. 57.

Rouillé.

D'argent à une fasce de sinople chargée d'un château d'argent.

D'Hozier, mss , p. 972.

D'azur à trois mains gauches d'argent posées deux et une ; au croissant de même posé en pointe ; au chef de gueules chargé de trois étoiles d'or.

Audouys, mss. 994, p. 158.

Rouillé de Fontaine-Guérin, — de Marbœuf, — d'Orfeuil, — de Meslay, — du Plessis, — du Coudray, — de Jouy, — de Brion, — de Clefs, — de Roissé, — des Loges, — de la Gaucherie ; — dont un contrôleur général des Postes.

D'azur au chevron d'or accompagné en chef de deux roses d'argent et en pointe d'un croissant aussi d'argent.

D'Hozier, mss., p. 508. — Audouys. mss. 994, p. 149. — Le mss. 703 dit : *D'argent au chevron d'azur accompagné de deux roses de gueules tigées et feuillées de sinople en chef et d'un croissant de gueules en pointe.* — Une branche de Rouillé porte :

De gueules à trois besans d'or posés deux et un.

Rouillerie (de la), v. Sarrazin, — de Gennes, — de Carion, — Bautru, — Jarret.

Rouillon (de).

De gueules à un croissant d'argent.

D'Hozier, mss., p. 989. — V. de la Roussière, — Roussard, — Jamelot, — de la Roussardière, — Nepveu.

Rouillon (de) de la Bouessière.

D'or à trois aigles éployées d'azur.

Audouys, mss. 994, p. 158

Roulinière (de la), v. du Vivier.

Roulis (des), v. Boylesve.

Rollay (du), v. Croullon.

Roullaye (de la), v. de la Barre, — L'Avocat.

Roulleau.

D'argent à un saint Joseph de carnation vêtu de gueules et d'or, tenant par la main un Jésus aussi de carnation vêtu de pourpre et d'or.

D'Hozier, mss., p. 653.

De gueules à une roue de dix rayons d'argent tournant dans une mer d'argent.

Mss. 993.

Roullet.

D'or à trois rouleaux de gueules posés deux et un.

D'Hozier, mss., p. 1339. — V. Roulet.

Roullet de la Bouillerie, — de la Grange; — dont Gabriel, directeur des aides de l'élection de La Flèche, 1740; François, ministre d'État, 1830; François-Alexandre, évêque de Carcassonne, archevêque de Perga, coadjuteur de Bordeaux, mort en 1882; Joseph, ministre en 1873.

De gueules au chevron d'argent accompagné de trois pommes de pin au naturel et en chef d'un croissant d'argent.

Sceau.

Roullière (Pierre), abbé du Perray-Neuf, 1493.

Roullin.

D'azur à une aigle à deux têtes d'or accompagnée en pointe d'un croissant d'argent et un chef de gueules chargé de trois étoiles d'argent.

D'Hozier, mss., p. 695.

Roupreux, v. de Ghaisne.

Roussard de la Linotière.

D'azur à trois poissons nommés rosses d'argent, posés en fasce l'un sur l'autre, feuillés et tigés de sinople.

Audouys, mss. 994, p. 153.

Roussard de la Roussardière, — de Gaultret, — de Parenneau, — de la Saugère, — des Pins, — de St-Liger, — de Champagne, — de Frezeau, — de la Hunne, — du Breil, — de Rouillon.

D'argent à trois pals de gueules au milieu ; en chef une rose aussi d'argent.

Sceau D. P.

Roussardière (de la) de Quelaines ; — dont Jean, abbé de Saint-Calais en 1508.

D'argent à trois pals de gueules et quatre roses de même rangées en fasce sur l'argent.

Mss. 703. — Gohory, mss. 972, p. 23, dit :
De gueules à trois fasces d'or brisées chacune d'une fleur de lis d'azur en cœur.

Roussardière (de la) de Rouillon, — du Hardaz.

D'argent à trois aigles de gueules membrées de sable.

Gohory, mss. 972, p. 29.

Roussardière (de la) de la Boissière.

De gueules à trois pals d'argent chargés d'un chef de trois roses de gueules.

Mss. 439. — Gaignières, Armorial mss., p. 75, dit *trois roses de gueules posées en fasce.*

Rousse.

D'azur à une bande d'argent chargée de trois roses de gueules.

D'Hozier, mss., p. 1137.

Rousseau ; — dont Guillaume, taxé trois écus pour la rançon du roi Jean, en 1360, entre les nobles de Saint-Florent-le-Vieil.

D'argent à une barre de sable ; écartelé de sable à un pal d'argent.

D'Hozier, mss., p. 1512.

De gueules à trois étoiles d'argent posées en bande.

D'Hozier, mss., p. 997.

D'or à un griffon d'azur.

D'Hozier, mss., p. 945.

D'or à cinq étoiles de gueules posées en sautoir.

D'Hozier, mss., p. 1133.

D'argent à une croix de sable cantonnée de quatre molettes de même.

D'Hozier, mss., p. 1136.

Echiqueté d'or et d'azur.

D'Hozier, mss., p. 1136.

D'argent fretté de gueules.

D'Hozier, mss., p. 1138.

Rousseau du Mesnil.

D'argent à trois poissons de gueules posés un en pal, deux et un, accolés de sinople à une bande d'argent chargée de trois charbons de sable ardents de gueules.

D'Hozier, mss., p. 891.

Rousseau de la Georginière.

D'argent à une bande de gueules accostée de six roseaux de sable, trois dessus et trois dessous.

D'Hozier, mss., p. 177.

Rousseau de la Boucherie.

D'azur à deux roseaux d'or passés en sautoir.

Armorial, mss. de Dumesnil, p. 18. — Audouys, mss. 994, p. 155. — Le mss. 439 dit :

D'argent à la bande de sable accostée de six roseaux de même.

Rousseau de Pantigné, — des Ruaux.

De gueules à la rose d'or.

Audouys, mss. 994, p. 151. — Mss. 993. — L'armorial, mss. de Dumesnil, p. 18, D'Hozier, mss., p. 62, et Audouys, mss. 994, p. 155, donnent aux Rousseau de Pantigny :

De gueules à une rose d'argent.

D'Hozier, mss., p. 955, donne également à la branche de Pantigny les armes suivantes :

D'azur semé de billettes d'or au lion de même.

Rousseau de la Ramée, — de la Houssaye, — du Plessis-de-Varades, — de la Richaudaye, — du Perrin, — de Villemorge, — du Chardonnay, — de la Grand'Maison.

Burelé d'or et de sinople de dix pièces au lion morné d'azur brochant sur le tout.

Roger, mss. 995, p. 8. — Audouys, mss. 994, p. 147. — Armorial, mss. de Dumesnil, p. 18. — Gohory, mss. 972, p. 7. —

D'Hozier, mss., pp. 103, 117, 527, 502. — Mss. 993. — Gencien, mss. 996, p. 61. — L'armorial, mss. de Dumesnil, p. 18, le mss. 993 et Audouys, mss. 994, p. 153, disent .. *Fascé d'or et de sinople de six pièces* au lieu de *dix*... — Gaignières. Armorial, mss., p. 18, et le mss. 439 donnent *le lion d'azur couronné, armé et lampassé de gueules*.

Rousselière (de la), v. de la Saussaye, — Thomas, — du Verdier, — Gilles.

Roussellière (de la), v. Le Mal, — de la Bahoullière, — Le Marié.

Rousserie (de la), v. Gillet.

Rousses (des), v. Maury, — Cadu, — Herbereau.

Roussière (de la) de Commer.

De gueules à trois bandes d'or.

Cauvain. — Le mss. 703 dit... *cinq cotices d'or*... — V. de Champagne, — Daumagny, — Amyot, — Dupont ou du Pont, — Lefebvre, — Courant, — Petit, — Simon, — de la Pommeraye, — de Peigne, — de Mathefelon, — Le Bigot.

Roussière (de la) de Cheviré.

D'azur au chevron d'or accompagné de quatre coquilles de même.

Audouys, mss. 994, p. 148. — Roger, mss. 995, p. 20. — Gohory, mss. 972, p. 83. — Mss. 995, p. 113. — Gencien, mss. 996, p. 61. — Gaignières, Armorial, mss., p. 57, dit... *trois coquilles d'or, posées deux en chef et une en pointe.*

Roussière (de la) de Mathefelon, — du Sanctier.

De sable ou *d'or à trois bandes d'argent.*

Audouys, mss. 994, p. 153. — Gaignières, Armorial, mss., p. 57. — Gohory, mss. 972, p. 13. — Roger, mss. 995, p. 7. — Mss. 995, pp. 108, 92. — Mss. 993. — D'après un sceau les seigneurs de Mathefelon portaient : *D'or à trois bandes de gueules.*

Rousson (de), v. Savonnière.

Route (de la) du Petit-Pont, v. Carion.

Rouveau (de), v. Carbonnier, — de Hocdon.

Rouveraye (de la), v. du Bois, — de Bourdon, — Bodin.

Rouveraye (de la) de Pontigné, — du Bressault, — de Malvoisine.

D'argent à trois têtes de cheval arrachées de sable.

Audouys, mss. 994, p. 156.

Rouvillerie (de la), v. de Sarazin.

Rouvray.

De sable à trois fers de cheval d'argent, posés deux et un.

D'Hozier, mss., p. 431. — V. de Hainque.

Rouvre (du), v. Champagné, — du Chastaignier.

Roux.

D'or à trois pals de sable.

D'Hozier, mss., p. 1132.

Rouxeau, v. Rousseau.

Rouxellé de Saché, — de la Treille, — du Pontreau, — du Pont-de-Rouen.

D'azur à trois pals d'or à la bande ou cotice d'argent brochant sur le tout, chargée d'une autre bande d'argent.

Audouys, mss. 994, p. 153. — Gohory, mss. 972, p. 65. — Mss. 995, p. 89. — Gencien, mss. 996, p. 60. — Gaignières, Armorial, mss., p. 66, ne donne *qu'une bande d'argent.* — Rouxellé de la Treille, de Lathan, de la Roche-Milet, de Boutteville, de Saché, d'après le mss. 439, portent :

D'or à trois pals d'azur chargés d'une bande d'argent bordée de gueules brochante sur le tout, que donne le mss. 703.

Rouzay (du), v. de la Pasqueraie.

Roy de Mayé, — de la Roche, — de Parnay.

D'azur à une fleur de lis d'or accompagnée de trois étoiles d'or, deux en chef et une en pointe.

D. P.

Roye (de la).

De gueules à la bande d'argent.

Mss. 995, p. 73. — V. Jousseaume.

Roye (de) de la Brunetière.

D'azur à une patte de lion apaumée et posée en pal d'or armée de gueules.

Mss. 439. — D'Hozier, mss., p. 1505. — Cauvain dit... *le champ d'argent* au lieu *d'azur...*

Roygnoult (N...), taxé trois écus pour la rançon du roi Jean, en 1360, entre les nobles de Montjean.

Royrie (de la), v. de Cleez, — Petit, — de la Roirie.

Royrand d'Aubigné, — de Briand, — de la Guichardière, — du Plessis, — de Bretignolle.

De gueules à une tête de bœuf d'or, et trois étoiles d'argent rangées en chef.

Audouys, mss. 994, p. 147. — Roger, mss. 995, p. 19. — Gohory, mss. 972, p. 66. — Mss. 995, p. 102. — Gencien, mss. 996, p. 12. — Le mss. 703 dit... *trois rencontres de bœuf.*

Roys (des), v. des Vignots.

Roze.

D'azur à une croix pattée d'or chargée en cœur d'une rose d'argent brochant sur le tout.

D'Hozier, mss., p. 326.

Rozée (de), v. Robert.

Rozière.

D'argent à cinq roses de gueules posées en sautoir.

D'Hozier, mss., p. 904.

Ruau (du), v. du Pont, — Dupont, — Neau.

Ruauté (de la), v. Le Cornu.

Ruaux (des), v. Menard, — Rousseau.

Ruas de la Collinière.

D'azur à trois têtes d'aigle arrachées d'or, couronnées de même, posées deux en chef et une en pointe.

D'Hozier, mss., p. 154.

Rubempré (de).

D'argent à trois jumelles de gueules.

Mss. 995, p. 71.

Ruchemière (de la), v. du Mortier.

Ruchesne (de), v. Leroux.

Rue (de la).

D'azur à l'aigle d'or qui regarde un soleil de même.

Mss. 995, p. 57. — V. de Piedouault.

Rue (de la) du Can, — de la Motte-Grenier, — de la Baronnie, — de Champchevrier.

D'azur au chevron d'or accompagné en chef de deux roses d'argent, et en pointe d'un chevreuil passant de même.

Audouys, mss. 994, p. 155.

Rueau (du).

D'azur au chevron d'or accompagné de trois pommes de pin de même, la queue en haut.

Armorial, mss. de Dumesnil, p. 14.

Rueil (de); — dont Claude évêque d'Angers en 1628.

D'or au franc quartier d'azur chargé d'un lion d'or et accompagné de trois aigles éployées de gueules.

Mss. 993. — Dessin de Gaignières à Oxford, t. I, p. 163, d'après un tombeau dans la cathédrale d'Angers. — Gravure du *Missale andegavense*, édité en 1644. — J. Balain, mss. 867, p. 481. — Pocquet de Livonnière, n° 24. — Lehoreau, n° 21. — Bruneau de Tartifume, mss., p. 154. — Rép. archéolog. de l'Anjou, pp. 863, 286.

Ruel d'Octeville.

D'or à un lion issant coupé de gueules.

D. P.

Rue-le-Bœuf (de la).

D'or à cinq aiglettes d'azur posées en sautoir.

D'Hozier, mss., p. 1034.

Ruffec (de), v. de Volvire.

Ruffelière (de la), v. de Goulaine.

Rufier de la Grande-Chauvière.

D'azur à neuf billettes d'argent, posées trois, trois et trois.

Audouys, mss. 994, p. 147. — Rapporté par la Colombière, p. 155 — Gohory, mss. 972, p. 16. — Roger, mss. 995, p. 14. — Gaignières, Armorial, mss., p. 15, dit : *D'azur semé de billettes d'argent sans nombre.* — Gencien, mss. 993, p. 61.

Ruillé (de).

Fascé, ondé de sable et d'argent.

Croisades. — V. Charil, — Bodé, — de la Planche, — Cheorcin.

Ruillière, v. Barin.

Ruisseau-Doré (du), v. Richard.

Russé (de), v. Budan.

Russie.

De sable au porche ou portail ouvert de deux pièces avec deux degrés d'or.

Mss. 995, p. 54.

Russière (de la), v. Trochard.

Russon (de) de la Grée, — de la Berardière, — de la Briancière, — du Port-Guet, — de Bonnezeaux, — de la Ricoulaie.

D'azur à trois chevrons d'or, au chef d'argent chargé de six losanges rangés de gueules.

Mss. 439. — Audouys, mss. 994, p. 156.— Carré de Busserolle. — Armorial, mss. de Dumesnil, p. 18. — V. Bonvoisin.

Ruval (de), v. Danquetil.

Ruzé (de) de Beaulieu, — de Chilly, — de Lonjumeau; — dont Guillaume, évêque d'Angers, mort en 1587; Martin, secrétaire d'État; Guillaume, receveur des finances en Touraine; un maréchal de France, etc.

De gueules au chevron fascé, ondé d'argent et d'azur, accompagné de trois lionceaux d'or, les deux du chef affrontés.

Audouys, mss. 994, p. 155. — Mss. 993 et 703. — Gohory, mss. 972, p. 115. — Ballain, mss. 867, p. 447. — Bruneau de Tartifume, p. 146, d'après une sculpture du château d'Eventard. — De Livonnière, n° 21. — Sceau de Guillaume reproduit dans Gaignières. — Un bréviaire latin imprimé à Angers en 1574, porte les armes ci-dessus aux deuxième et troisième et aux premier et quatrième celles de l'Eglise d'Angers : *De gueules au rais d'escarboucle pommeté et fleurdelisé d'or.* — X. Barbier de Montault, Armorial des évêques d'Angers (1863).

Ry (de), v. de Lestang, — Daim.

S

Sabart ; — dont Jean, maire d'Angers en 1499.

Gohory, mss. 972, p. 145, Audouys et les autres héraldistes anciens ne connaissent pas les armoiries de ce personnage.

Sablé (de) de Briolay, — de Jarzé.

D'or à l'aigle d'azur.

Audouys, mss. 994, pp. 161, 166. — V. de Servien, — des Roches, — de Craon.

Sablonnière (de la), v. de Ravenel, — Chotard.

Sablonnières (des), v. Meschines.

Sacconnay du Bugey.

Ecartelé aux premier et quatrième d'or au diable ailé d'azur; aux deuxième et troisième fascé d'or et de gueules de six pièces chargé d'une aigle d'azur brochant sur le tout.

Mss. 993.

Sacé (de), v. de Tillon, — Jouin.

Sacé (de) des Hayes, — de Rougebec, — de Limbaudière, — de Savonnières, — de Sazilly, — de Prinsay, — de Cherelles.

De gueules au chevron de trois pièces d'argent.

Mss. 703. — Audouys, mss. 994, p. 160. — Mss. 995, p. 79. — Gencien, mss. 996, p. 63. — Cauvin, Armorial du Maine. — V. du Tillon.

Saché (de), v. Rouxelles ou Rouxelé.

Saffre (de) ; — dont Pierre taxé un écu pour la rançon du roi Jean en 1360 entre les nobles de la chastellenie de Saint-Florent-le-Vieil.

D'azur à trois croix fleurdelisées d'or au chef de même.

Mss. 703.

Safray de la Jarye.

De sable à trois croix florencées.

Audouys, mss. 994, p. 164. — Armorial mss. de Dumesnil, p. 18.

Saget.

D'argent à trois aigles de sable.

D'Hozier, mss., p. 998.

Saget de la Jonchère.

De gueules à trois flèches d'argent posées en pal, la pointe en bas, accompagnées de trois boucles d'or, deux en chef et une en pointe.

De Courcy, Armorial de Bretagne.

Saget (Nicolas), avocat au Parlement en 1698.

D'argent à un cœur de gueules supportant trois flèches de même posées en pal les pointes en haut, et un ciel d'azur chargé d'étoiles d'or sans nombre mouvantes du chef.

Armorial mss. de d'Hozier, p. 524.

Saguyer de Luigné, — de Chaigné, — de la Daisnerie ; — dont trois conseillers au Parlement de Bretagne depuis 1610 ; Simon, maire d'Angers en 1590 ; Simon, docteur-médecin, échevin d'Angers 1540.

D'argent au chevron d'azur accompagné en chef de deux étoiles rayonnantes de gueules, et en pointe d'une tête de maure de sable, tortillée d'or, au chef d'azur chargé de trois étoiles d'or.

Mss. 703. — Audouys, mss. 994, p. 161. — Mss. 993. — Gaignières, Armorial mss., p. 87. — Gohory, mss. 972, p. 156, et Gencien, mss. 996, p. 5, disent : *La tête de maure tortillée d'argent...* Le mss. 703, dit : *D'argent à la tête de maure de sable tortillée d'argent ; écartelé d'argent à l'écureuil de gueules,* pour Simon, maire d'Angers.

Saicherie (de la), v. des Homeaux.

Sailland.

De gueules à un sautoir d'or.

D'Hozier, mss., p. 1014.

Saillant des Mazures.

De gueules à une maison d'argent.

D'Hozier, mss., p. 1273.

Saint-Aignan (de), v. Martineau, — de Beauvilliers.

Saint-Aignan (de) de Bavile, — du Marais, — du Boullay, — de la Malinière ; — dont Michel, chevalier de l'ordre de l'Ermine en 1454 ; Hercules, dit « Desmarais, » partisan protestant angevin en 1562.

D'argent à trois têtes de loup arrachées de sable, posées deux et une.

Audouys, mss. 984, p. 7. — Armorial, mss. de 1608, p. 3, — Roger, mss. 995, p. 11, — Gencien, mss. 996, p. 12. — Gaignières, Armorial mss., p. 46, dit les *trois têtes de loup lampassées de gueules.* — Audouys, mss. 994, p. 14, le mss. 993 et une note d'Audouys d'après l'abbé de la Coudre, donnent à la branche de Saint-Aignan et la baronnie de Craon :

Semé d'hermines à cinq roses de gueules, posées deux, deux et une.

Saint-Amadour ou **Amadour** (de), de la Belle-Craonnaise, — de Serrant; — dont Jeanne, abbesse de Nyoiseau en 1250.

De gueules à trois têtes de loup arrachées et lampassées d'argent.

Roger, mss. 995, p. 10. — Mss. 995, p. 71. — Gencien, mss. 996, p. 11. — L'Armorial, mss. de 1658, p. 3, dit:

De pourpre à trois têtes de lévrier d'argent.

V. Hullin, — Bouan, — de la Forest.

Saint-Amant (de).

Fascé d'argent et de sable de six pièces.

Gencien, mss. 996, p. 15. — V. de Rochechouart, — de la Guerche.

Saint-Astier (de).

Burelé d'or et de gueules.

Cimier : *Une tête et col de licorne d'argent.*

Gencien, mss. 996, p. 15. — V. du Puy.

Saint-Aubin (de) de l'Espinay.

D'or au lion coupé ou mi-partie de gueules et le bas de sinople.

Mss. 993. — V. de la Jumelière, — de Feschal, — Patry, — de la Faucille, — de Goulaines, — de Chambilles, — de Gondy, — de Launay, — de Bouillé, — Thierry.

Saint-Aubin (de) de Chanteil, — du Boyrachier, — de Lymesle, — du Haut-Bignon.

D'argent à un corbeau de sable membré de gueules perché sur une fasce de même.

Audouys, mss. 994, p. 6. — Armorial, mss. de 1608, p. 4. — Roger, mss. 995, p. 8. — Mss. 995, pp. 86, 112. — Gencien, mss. 996, p. 13. — Gaignières, Armorial mss., p. 41, dit : *D'argent à un corbeau de sable becqué et patté de gueules...*

Saint-Aubin de la Bretonnière.

D'argent à la bande losangé de gueules, cantonnée de six tourteaux de gueules, posés deux, un, deux, un.

Mss. 993. — V. de Chazé.

Saint-Aubin d'Angers (l'abbaye de), v. Angers 7°.

Saint-Augustin-du-Bois (Le prieuré de), dépendant de l'abbaye de Saint-Georges.

D'azur à un bâton prieural d'or en pal, accosté des deux lettres S. et A. de même.

D'Hozier, mss., p. 910.

Saint-Aventin (de), v. Fumée.

Saint-Bach d'Angers (l'abbaye de), v. Angers 7°, — Saint-Serge et Saint-Bach.

Saint-Bault (de), v. Le Bigot.

Saint-Belin (de) du Ponceau, — de Saint-Laurent, — de Saxefontaine, — du Boisjouan ; — dont Geoffroy, chevalier, conseiller et chambellan du roi Louis XI, mort en 1463 ; Geoffroy, évêque de Poitiers en 1605 ; Charles, chevalier de Rhodes en 1512.

D'azur à trois têtes de bélier d'argent accornées d'or.

Mss. 439. — Audouys, mss. 994, pp. 37, 166. — Armorial mss. de Dumesnil, p. 18. — Gencien, mss. 996, pp. 16, 25.

Saint-Bihy (de), v. de Quelen.

Saint-Bounier (de).

D'argent fretté d'azur.

Cauvain, Armorial du Maine.

Saint-Brice (de), v. de Pontoise, — de Scepeaux.

Saint-Cassien.

Fascé d'or et de gueules de six pièces.

Audouys, mss. 994, p. 42. — Mss. 995, p. 79. — Gencien, mss. 996, p. 30. — V. de Glandèves.

Saint-Christophe (de), v. de Launay.

Saint-Clément (de), v. Dupré.

Saint-Cyr (de), v. du Bois-d'Argonne, — Delaage.

Saint-Cyr (de) de Sargé, v. Petit.

Saint-Denis (de).

D'azur au lion d'or.

Audouys, mss. 994, p. 64. — V. de Martigné. — Le Pelletier. — Richard.

Sainte-Cécile (de) de la Gaucherie-aux-Dames.

Fascé d'argent et d'azur à l'écusson de sable mis en cœur, chargé d'un lion d'argent, armé et lampassé de gueules.

Audouys, mss. 994, p. 166. — Armorial, mss. de Dumesnil, p. 18. — D'Hozier, mss., p. 317, dit. . *De gueules à un lion d'argent et une bordure componée d'argent et d'azur...*

Sainte-Colombe (de), v. Brissac.

Sainte-Croix du Verger. — Le prieuré et les chanoines réguliers de Saint-Augustin, de la Congrégation de Sainte-Croix de la Bretonnerie, établie par les princes de Rohan au Verger, paroisse de Seiches, près des murs du château du Verger, dont le chef d'ordre était à Luy en Flandres. Supprimée à la Révolution.

De gueules à neuf macles d'or, posées trois, trois en trois qui est de Rohan, au chef de sable chargé d'une croix pattée d'argent accostée de deux fleurs de lis d'or.

Audouys, mss. 994, p. 45.

Sainte-Jammes (de), v. Baudard, — Luthier, — Lanier, — Porcheron, — d'Aubigné, — d'Andigné.

Sainte-Mère-Église (de).

D'azur à six aigles d'or posées trois, deux et une.

Note mss. de M. de Crochard.

Sainte-Marthe (de) de Villedan, — de Chandoiseau, — de Châteauneuf, — de la Gueritière, — de Cernay, — du Chapeau; — dont Gaucher, écrivain, médecin de l'abbesse de Fontevrault, Renée de Bourbon, 1533, et de François Ier; Scéole, généalogiste et historien; Charles, poète.

Sainte-More (de) de Coignée, — de Beaupréau, — de la Haye-Joulain.

D'argent à une fasce de gueules et sur le tout de Thouars, qui est *d'or semé de fleurs de lis d'azur au canton de gueules.*

Audouys, mss. 994, p. 125, dit aussi : *Ecartelé de gueules semé de fleurs de lis d'or,* qui est de Châteaubriant. — Mss. 995, p. 67. — Gencien, mss. 996, p. 49. — Le mss. 703 dit simplement : *D'argent à une fasce de gueules.* — V. de Béthune.

Saint-Epure ou **Saint-Evre** (de).

D'or parti d'azur à la bande d'hermines brochant sur le tout.

Gencien, mss. 996, p. 95.

Sainte-Suzanne (de), voir Fouquet, — de Beaumont.

Saint-Etienne (de), v. de Caux.

Saint-Eusèbe (le prieuré de) de Gennes.

D'azur à un bâton prieural d'or en pal accosté des deux lettres S. et E. de même.

D'Hozier, mss., p. 1027.

Sainte-Vierge (de), v. Le Melley.

Saint-Fargeau (de), v. Le Pelletier.

Saint-Felin (de).

D'hermines au lion de gueules armé, lampassé et couronné d'or et allumé de sable.

Gencien, mss. 996, p. 36.

Saint-Florent-lès-Saumur (l'abbaye de), v. Saumur.

Saint-Florent-le-Vieil (la ville de).

De sable à une fasce d'argent, écartelé d'argent à une barre de sable.

D'Hozier, mss., p. 1506.

La Compagnie du Grenier a Sel de Saint-Florent-le-Vieil.

D'azur à trois fleurs de lis d'or posées deux et une.

D'Hozier, mss., p. 747.

Les religieuses de Sainte-Elisabeth de Saint-Florent-le-Vieil.

D'azur à une sainte Elisabeth à mi-corps vêtue en religieuse couronnée d'une couronne à l'antique, ayant la main dextre étendue et portant sur sa senestre un livre supportant deux couronnes l'une sur l'autre le tout d'or.

D'Hozier, mss., p. 724.

La communauté des religieuses de Saint-Florent-le-Vieil (ordre de Saint-Benoist).

D'azur à un sautoir engrelé d'or accompagné de quatre fleurs de lis de même.

D'Hozier, mss., p. 460.

L'abbaye de Saint-Florent-le-Vieil.

De... à sept fleurs de lis de... posées trois, trois et une.

Armes qu'il faut probablement attribuer à cette abbaye et qui figurent sur une cloche datée de 1672, aujourd'hui dans l'église abbatiale, accompagnées de la couronne d'épines et du mot PAX, devise des bénédictins. — Sculpt. XIXe siècle. Restauration de l'église de Saint-Florent.

Saint-Florentin (de), v. Gazeau.

Saint-François (de) du Ronceray; — dont Benoist abbé du Perray-Neuf, 1571.

D'azur au sautoir d'argent, à la bordure de gueules.

Cauvin, Armorial du Maine, p. 213.

Saint-Gault (de), v. du Buat.

Saint-Genys (de).

D'azur au chevron d'or accompagné en chef de deux étoiles d'argent et en pointe d'un arbre de même.

Note mss. de M. de Crochard.

Saint-Georges (de), v. Vauboisseau, — de Périers, — de Maillé, — de Percault, — de Perrières, — de Clermont, — de Billeheust.

Saint-Georges-Chatelaison (la chatellenie de) appartenant aux oratoriens d'Angers en 1631.

Parti et coupé au premier en chef de croix recroisettées au pied fiché; en pointe de... à une croix ancrée; au deuxième à un oison au vol éployé; sur le tout une couronne d'épines renfermant les noms de Jésus et Maria.

Sceau ancien.

Saint-Georges-sur-Loire (l'abbaye et la communauté des chanoines réguliers de Saint-Augustin de).

D'azur semé de fleurs de lis d'argent à un saint Georges à cheval d'or, perçant avec sa lance un dragon d'argent qui est à ses pieds

D'Hozier, mss., pp. 126, 127. — Mss. 993. Gaignières attribue à l'abbaye de Saint-Georges les armes suivantes :

Ecartelé aux premier et quatrième d'azur à cinq sautoirs d'argent le chef d'or chargé de trois sautoirs d'azur; aux deuxième et troisième de gueules à trois boucles de ceintures d'or; sur le tout d'argent à un serpent d'azur engoulant un enfant de gueules.

L'écu timbré d'une mître précieuse à dextre, d'une crosse tournée en dehors à senestre, et d'une couronne antique...

Ces armes sont peintes aux chaires des religieux dans le chœur.

Dessin de Gaignières à Oxford, t. I, p. 5.

Saint-Germain (de), v. Cardé, — Le Baveux, — de la Trémouille, — de Salles, — de la Rivière, — de la Chèze, — Dosdefer, — de Collasseau, — Quesnay.

Saint-Germain (de) de Placé, — des Coutures.

D'azur à trois têtes de lion arrachées d'or, lampassées de gueules et couronnées d'argent.

D'Hozier, mss., p. 1010.

Le même, p. 170, donne :

D'argent à un nuage en rond d'azur chargé d'un cœur d'or et surmonté en chef d'un lambel de trois pendants de gueules.

Le même encore, p. 162, donne ainsi que le mss. 439 aux Saint-Germain des Coutures :

D'argent à un nuage d'azur chargé d'un cœur d'or.

Saint-Germain-d'Arcé (de) du Plessis, — des Coutures.

De gueules à trois fleurs de lis d'or.

Mss. 703. — Audouys, mss. 994, pp. 82, 81. — Roger, mss. 995, p. 12. — Armorial, mss. de 1608, p. 26. — Mss. 995, p. 99. — Gencien, mss. 996, p. 40. — Gaignières, Armorial mss., p. 69

Saint-Germain-des-Prés (de), v. Le Gay.

Saint-Gilles (de).

D'or à une aigle de gueules becquée et membrée d'azur.

D'Hozier, mss., p. 1214. — V. de Montbourcher.

Saint-Goyet (de) des Hayes.

D'argent à une bande d'azur écartelé d'azur à une bande d'argent.

D'Hozier, mss., p. 1530.

Saint-Henis (de), v. Franquetot, — Ayrault.

Saint-Herblon (de), v. de Ghaisne.

Saint-Hérem (de), v. Montmorin.

Saint-Hilaire (de), v. d'Appellevoisin, — Jacob.

Sainthillier (de) ; — dont un colonel tué en 1870.

D'azur au lion d'or à la bande de gueules, chargée de trois roses d'argent.

Sceau.

Saint-Jacques (de) ; — dont Geoffroy abbé de Chaloché.

Saint-Jammes (de), v. de Sainte-Gemmes.

Saint-Jean (de), v. Gilles, — Châteaubriant, — d'Ingrande, — Grosnet.

Saint-Jean-des-Mauvrets (de), v. de Châteaubriand, — de la Pasqueraye.

Saint-Jean-des-Mauvrets (le prieuré de).

D'azur à un saint Jean-Baptiste d'or avec son agneau d'argent.

D'Hozier, mss., p. 862.

Saint-Jouin (de) de Vauleart, — de la Maurousière.

D'argent à un lion de sable couronné, lampassé et armé de gueules.

Mss. 439. — D'Hzoier, mss., p. 87. — Audouys, mss. 994, pp. 99, 166. — Armorial mss. de Dumesnil, p. 18.

Saint-Jouin (de).

De gueules au lion d'argent.

Cauvin.

Saint-Lambert (de).

D'or à la croix fleurdelisée de gueules.

Gaignières, Armorial mss., p. 75.

Saint-Lambert-lez-Saumur ou des Levées (le prieuré de).

De sinople à un bâton prieural d'or, accosté des deux lettres S. et L. de même.

D'Hozier, mss., p. 1036,

Saint-Lambert-du-Lattay (le prieuré de).

D'azur à un bâton prieural d'or en pal, accosté des deux lettres S. et L. de même.

D'Hozier, mss., p. 921. — V. Planchefort.

Saint-Lambert-des-Etres (de), v. Lanier.

Saint-Laurent (de), v. Chasle, — de Maussé, — de la Roche, — de Saint-Belin.

Saint-Laurent-des-Mortiers (de), v. Bagnolet.

Saint-Laurent-du-Mottay (la prévôté de).

D'azur à une bande d'or accostée de deux colombes d'argent, becquées et membrées de gueules à une bordure dentelée de même.

D'Hozier, mss., p. 971.

Saint-Léger (de), v. Chalopin, — Trochard.

Saint-Léonard (de), v. de Champagne, — de Pincé.

Saint-Liger (de), v. Roussard.

Saint-Loyre ou Saint-Loère (de).

D'argent à une aigle de sable, au chef de gueules; ou bien *d'or à l'aigle de sable et une fasce de gueules brochant sur le tout.*

Mss. 70 3.

Saint-Loup (de).

D'or à trois cotices de gueules.

Gencien, mss. 996, p. 44. — V. Jarry, de Tessé, du Hardas.

Saint-Macaire (de), v. Le Pauvre, — de Salles, — Gencien.

Saint-Marc (de), v. Lescrivain.

Saint-Mars (de), v. du Serreau, — Marguerit, — Leroux, — Grand-Amy, — Dolbeau, — Aveline.

Saint-Marsault (de), v. Grain.

Saint-Mars-de-la-Jaille (de), v. de la Jaille.

Saint-Martin (de), v. Cossin, Sanglier, de la Lande.

Saint-Martin-du-Bois (de), v. du Rossignol.

Saint-Maur-sur-Loire (la communauté de religieux bénédictins de l'abbaye de).

D'azur à sept fleurs de lis d'or posées trois, trois et une.

D'Hozier, mss., pp. 13, 462. — Monasticon Gallicanum de Dom Michel Germain, pl. 148 et 149.

Saint-Melaine (de) de Bourg-l'Évêque.

D'argent à une épée de sable mise en fasce, la garde à dextre accompagnée de trois molettes d'éperon de même, posées deux en chef et une en pointe.

Audouys, mss. 994, p. 123.

Gencien dit : *D'argent à trois molettes de sable et une épée de même en pal la pointe en haut.* —Cauvin indique... *l'épée en bande la pointe en bas et deux molettes de sable.*

Saint-Mervé.

Echiqueté d'hermines et de gueules de six traits en longueur et sept en hauteur.

Mss. 993.

Saint-Michel (de), v. du Serreau, — d'Espinay, — du Mas. — de Ghaisme.

Saint-Nicolas d'Angers (l'abbaye de), v. Angers 7°.

Saint-Offange (de) de Heurtault ou Hurtault, — de la Houssaye, — de l'Eperonnière, — de la Frapinnière, — de la Poèse, — du Vivier, — de Saint-Sigismond, — de la Jousselinière, — des Chateliers, — de la Jaille, — de Cossé; dont Artus et Amaury gouverneurs du château de Rochefort; François, capitaine d'Ancenis ; Charles, chevalier de Malte, en 1597, et René en 1592; trois abbés de Saint-Maur, Claude en 1591, Claude-Madelon en 1626 et René en 1671; — Philippe, maréchal des camps et armées du roi, gouverneur de Baugé 1694, famille éteinte au XVIIIe siècle, dans celle des Turpin de Vihiers.

D'azur au chevron d'argent accompagné de trois molettes d'éperon de même, posées deux en chef et une en pointe.

Audouys, mss. 994, pp. 90 et 129. — Roger, mss. 995, p. 3. — Armorial, mss. de Dumesnil, p. 18. — D'Hozier, mss. p. 302. — Mss. 995, p. 86. — Gencien, mss. 996, p. 54. — Gaignière, Arm. mss., p. 76. — Mss. 439.

Saintonge (de), v. de Cambou.

Saint-Ouan (de).

D'or à un sautoir de sable.

D'Hozier, mss., p. 1529. — V. de Maridor.

Saint-Ouan (de) ou de Saint-Ouin, ou de Saint-Ouen de la Ribaudière, — de la Millasserie, — de la Genouillière.

D'azur à trois gerbes d'or liées de gueules.

Mss. 439. — Audouys, mss. 994, p. 106. — Armorial, mss. de Dumesnil, p. 18. — D'Hozier, mss. p. 315.

Saint-Pair (de), v. de Martigné.

Saint-Paul (du), v. des Herbiers.

Saint-Paul-du Bois (le prieuré-cure de).

D'argent à un chevron de gueules accompagné de trois roses de même, deux en chef et une en pointe ; et un chef d'azur chargé de trois losanges d'or.

D'Hozier, mss., p. 649.

Saint-Père (de).

D'or à la bande d'azur accompagnée de deux cotices de même.

Gaignières, Armorial mss., p. 72.

Saint-Pern (de).

D'azur à dix billettes vidées d'argent, posées quatre, trois, deux, une.

Vitrail de Bouzillé XIXe siècle. — Versailles, salle de Croisades.

Saint-Phal (de) de Neuilly, — de Villefranche ou Villeblanche.

D'or à la croix ancrée de sinople.

Audouys, mss. 994, p. 138. — V. de Vaudrey.

Saint-Philbert (de), v. Chenu, — de Cantineau.

Saint-Pierre (de), v. Gaultier, — Clerembault, — d'Escoublant.

Saint-Pierre-Maulimart (le chapitre de la collégiale de).

D'azur à un saint Pierre tenant de sa main senestre deux clefs en barre dans une niche à l'antique, le tout d'or.

D'Hozier mss. p. 724.

Saint-Poix (de). v. de Lancrau.

Saint-Port (de), v. Vaudetar.

Saint-Quentin (de), v. Fumée, — Dosdefer.

Saint-Quentin (Maurice), abbé de Saint-Georges-sur-Loire.

Saint-Quentin-en-Mauges (le prieuré de).

D'azur à un lion d'or.

D'Hozier, mss., p. 977.

Saintré (de); — dont Jean, angevin, « général de la croisade de France ».

De gueules à la bande d'argent accompagnée d'un lambel d'or à quatre pendants en chef sur le tout.

Gaignières, Armorial mss., p. 11. — Audouys, mss. 994, p. 162. — Mss. 983 de la Bibliothèque nationale, p. 131. — Mss. 703. — Gohory, mss. 972, p. 106.

Saint-Remy (de) de Chantenay, — de Coudreux, — du Pin, — de Reaux.

De sable au chevron d'argent accompagné de trois fleurs de lis d'or posées deux et une.

Audouys, mss. 994, p. 149. — V. Bazoge, — Gillier.

Saint-Remy (Renaud de), abbé de Saint-Florent de Saumur, 1283.

Saint-Remy-de-la-Varenne (le corps des officiers du grenier à sel de).

D'azur à trois fleurs de lis d'or posées deux et une.

D'Hozier, mss. p. 1028.

Saint-Romain (de).

Palé d'hermines de gueules de six pièces au chef d'or.

Mss. 993.

Saint-Saturnin-sur-Loire (le prieuré de).

D'azur à un bâton prieural d'or en pal accosté des deux lettres S. et S. de même.

D'Hozier, mss., p. 875,

Saint-Sauveur (de), v. de l'Escheneau, — de Scepeaux, — Prezeau, — de la Poëze.

Saint-Sauveur-de-Flée (le prieuré cure de)

De sable à un Christ d'argent.

D'Hozier, mss., p. 1195.

Saint-Sauveur-de-l'Evière-lès-Angers (le prieuré de), v. Angers 7°.

Saint-Senoch (de), v. de Quinemont.

Saint-Serge et Saint-Bach d'Angers (l'abbaye de), v. Angers 7°.

Saint-Symphorien (de), v. Charbonneau.

Saint-Valéry (de), v. Rouault.

Saint-Yrieix (de); — dont Elie, abbé de Saint-Florent de Saumur, évêque d'Uzès, 1335.

Salbeuf (de), v. de Lingrée.

Sales (de) de Miré, — de la Compte, — du Criou, — de l'Escoublère, — de Beaumont, — de Saint-Macaire, — de la Contée, — de Saint-Germain du Crion, — du Mesnil-Sales, — de Passay, — de la Roche, — des Mortiers, — de la Motte-Cramaillé, — de Maligné, — de la Plesse; — dont Urbain, chevalier de Malte en 1596.

D'argent à trois annelets de sable posés deux et un; à la bordure de gueules fort large pour brisure.

Audouys, mss. 994, pp. 160, 166. — Gaignières, Armorial mss. p. 66. — Armorial, mss. de Dumesnil, p. 18. — Roger, mss. 995, p. 9. — D'Hozier, mss., p. 428. — Gohory, mss. 972, p. 20, ne donne pas *la bordure*... — Mss. 995, p. 90. — Gencien, mss. 996, pp. 63, 78. — D'Hozier, mss., p. 946, donne à la branche de la Contée :

De gueules à un chevron d'or accompagné en pointe d'une rose de même.

V. Salle.

Sallaignes ou **Sallaines** (de) de la Bouteillerie.

D'argent à une fasce d'azur, accostée de trois besans de même posés deux en chef et un en pointe.

Audouys, mss. 994, pp. 164, 162, 47. — Gencien, mss. 996, p. 63. — Roger, mss. 995, p. 15. — Gaignières, Armorial mss., p. 41. — Gohory, mss. 972, p. 22.

Sallazé (de), v. du Pré.

Salle (de); — dont Luc, abbé de Saint-Georges-sur-Loire, mort en 1780; Claude, abbé de Saint-Maur en 1585.

De vair à deux fasces de gueules.

Cartulaire de la Haye-aux-bonshommes, cité par Audouys, mss. 994, p. 166. — Gencien, mss. 996, p. 64. — V. Bastard. — du Pré, — des Gouttes, — Sales, — de la Pierre.

Sallemard (de), v. Diane.

Salmes (de), v. de Bar.

Salmon du Bois-Grolleau; — dont Jean taxé deux écus pour la rançon du roi Jean en 1360 entre les nobles de Chantoceaux; et Geoffroy taxé un écu entre les nobles de Montreveau.

De sinople à une tour d'argent.

D'Hozier, mss., p. 996.

D'azur à une fasce d'argent bordée de gueules.

D'Hozier, mss. p. 991.

De sable à un cor de chasse d'argent en chef et en pointe un levrier courant de même accolé de gueules et bouclé d'or.

D'Hozier, mss. p. 991.

D'or à trois pals de sable.

D'Hozier, mss., p. 1033.

Salmon du Chatillier.

D'azur à un chevron d'or accompagné de trois têtes de lions d'or arrachées de gueules et lampassées de même.

Note mss. de M. de Crochard.

Salmon de la Grange.

D'or à un chevron de gueules.

D'Hozier, mss., p. 955.

Salmonière (de la), v. Goguet

Salonge (de), v. d'Espeaux.

Salvert (de), v. Petit, — Leroux, — Le Normand (?), — de Marconnay.

Saluce (Jean Claude de), abbé de la Boissière, 1770-1790.

Samson, v. Sanson.

Sancé (de), v. du Tertre.

Sancerre (de), v. de Bueil.

Sanctier (du), v. de la Roussière.

Sangère (de)

D'argent à six fleurs de lis de sable posées trois, deux et une.

Cauvin.

Sanglier (de) de Saint-Martin, — de Boisrogues, — de Joué, — des Hayes-Gasselin, — de Chanzeaux, — de la Fresnaye.

D'or au sanglier passant de sable défendu et luminé d'argent.

Mss. 703. — Histoire de Châtillon, p. 510. — Audouys, mss. 994, p. 162. — Mss. 995, p. 74. — Gencien, mss. 996, p. 63. — D'Hozier, mss., p. 181. — Carré de Busserolle ajoute à une branche de Sanglier de Saint-Martin : *le chef d'azur chargé d'un croissant d'argent accosté de deux étoiles d'or.*

Sanguile (de), v. Fresneau.

Sansay (de) de la Meignanne.

D'or à trois bandes d'azur à la bordure de gueules ; un écu échiqueté d'or et de gueules en cœur.

De Courcy, Armorial de Bretagne. — Mss. 993. — V. Sanzay. — Voisin.

Sanson (de) de Milon, — d'Amenée ou de Damnée, — du Pinceau, — de Lorchère, — de la Hamonière, — de Martigny ; — dont Joseph et Claude, chevaliers de Malte en 1665 ; deux abbés de Saint-Georges-sur-Loire, Louis en 1517, et Auger en 1526.

Ecartelé d'or et de gueules au lion de l'un en l'autre sur le tout, armé et lampassé d'argent et d'azur.

Armorial mss. de Dumesnil, p. 18. — Mss. 439. — D'Hozier, mss., p. 58. — Audouys, mss. 994, p. 160 dit... *lampassé de sinople*. — D'Hozier, mss., p. 941, donne aux de Sanson d'Amenée les armes suivantes :

D'or à cinq trèfles d'azur posés en sautoir.

Une note d'Audouys, p. 160, dit aussi :

De gueules au lion d'hermines, armé, lampassé et couronné d'argent.

Sansonnière (de la), famille fondue en la famille de l'Epronnière.

Losangé d'or et de gueules, au chef de gueules, chargé de trois fusées d'or rangées en pal.

Gohory, mss. 972, p. 75. — Audouys, mss. 994, p. 162. — Roger, mss, 995. p. 20. — Gaignières, Armorial mss., p. 75. — Audouys ajoute que cette maison changea son nom et ses armes en ceux de Roche-Bardoul et de l'Epronnière. — V. de l'Epronnière, — de Crochard, — de Carion.

Santo-Domingo (de) — du Plessis, — de la Roche-Bardoul.

D'azur à la bande d'or engoulée par deux têtes de dauphin de même.

Note mss. de M. de Crochard.

Sanzay (de) des Marchais, — de la Bouère, — de Doussay, — d'Ardennes, — de Sourches, — de Paureuse, — du Planty, — de Chandrissau.

Echiqueté d'or et de gueules.

Audouys, mss. 994, p. 162. — Gohory, mss. 972, p. 48. — Roger, mss. 995, p. 10. — Gencien, mss. 996, p. 63. — Cette famille écartelait de Bourgogne l'ancien. — V. Turpin, — de Ridouët, — Bonet, — Sansay.

Sapinaud (de) de Bois-Huguet, chevalier de Saint-Louis, écrivain, mort en 1844.

D'argent à trois merlettes de sable.

Supports : *Deux lions.*

Devise : *Ne Varietur.*

Sceau.

Sapronnière (de la), v. de Brie.

Sarrazin (de) Renée, abbesse du Ronceray, morte en 1499.

De... au lion rompant de... environné d'étoiles à cinq raies de...

Tombeau. — Rép. arch. 1861, p. 188.

Sarazin (de) de la Rouvillerie ou Rouillerie; — dont Jeanne, abbesse de Nyoiseau, 1410.

De sable au lion d'or armé, lampassé et couronné de gueules à la fasce en devise de même brochant sur le tout.

Audouys, mss. 994, p. 164. — Armorial mss. de Dumesnil, p. 18. — D'Hozier, mss., p. 146. — V. de Conquessac.

Sarcé (de) de Millé, — d'Issé, — de Bocé, — de la Giraudière; — dont Pierre, chevalier de Saint-Louis, 1789.

D'or à la bande de sept fusées de sinople.

Audouys, mss. 994, pp. 165, 166. — Gencien, mss. 996, p. 64. — V. du Boschet.

Sarcène (de), v. Dosdefer.

Sardet.

D'or à deux pals de gueules et un chef d'azur chargé de trois petits poissons d'argent.

D'Hozier, mss., p 1337.

Sardini (Scipion), comte de Beaufort au XVIIe siècle.

D'or au gonfanon de gueules.

Mss. 995, p. 65.

Sarebruck (de), v. de Nassau.

Sargé (de), v. Petit.

Sarigné (de), v. de Bueil, — Minault.

Sarron (de).

De gueules au dauphin ailé d'or.

Mss. 993.

Sasilly (de), v. de Becdelièvre.

Sassé (de), v. Gaudin, — Sacé.

Sassenage (de).

Burelé d'argent et d'azur au lion de gueules armé, lampassé et couronné d'or brochant sur le tout.

Audouys, mss. 994, p. 162.

Saudraye (de la), v. de Lancrau.

Saudubois de la Chalinière, — de la Chastinière; — dont Joseph, théologien, rédacteur des conférences d'Angers, mort en 1759; Joseph, doyen du chapitre de Saint-Pierre d'Angers, mort en 1755; René, greffier en chef du passage et mesurage à sel de la pointe de Russebourg, en 1698.

D'or à un lion de gueules issant en fasce d'un bois de sinople.

D'Hozier, mss. p. 571.

Saugé (de), v. Le Feron.

Saugé-aux-Moines (le prieuré de), paroisse de Saint-Ellier, près Brissac.

D'or à un sautoir d'azur accompagné de quatre croix ancrées de même.

D'Hozier, mss., p. 1260.

Saugé-l'Hôpital (de), v. Le Prévost.

Saugère (de la) de la Boussardière, — de Gaubert, — de Feschal, — du Bourg-d'Iré, — de la Motte-de-Bouchant, — de Bouche-d'Uzure, — de la Joubardière, — de la Mothe-Milon, — de la Feraguère, — de Groussardière, — de Fougeré.

De sable à six fleurs de lis d'argent.

Mss. 703. — Ménage, p. 476. — Audouys, mss. 994, p. 160. — Roger, mss. 995, p. 5. — Gaignières, Armorial mss. p. 72. — Gohory, mss. 972, p. 101. — Armorial de Dumesnil, p. 18. — Mss. 995, p. 80. — Gencien, mss. 996, p. 63. — D'Hozier, mss., pp. 426, 428. — Le même p. 153, intervertit les émaux. — Gohory, mss. 972, p. 6, dit : *D'argent semé de fleurs de lis de sable sans nombre.* — D'autres disent : *fleurs de lis de gueules.* — V. Roussard.

Saulaie (de la), v. de la Saulaye.

Saulay.

D'or à un chevron de gueules accompagné de trois arbres de sinople.

D'Hozier, mss., p. 894.

Saulay (du), v. Boylesve.

Saulay (de), v. Bionneau.

Saulaye (de la), v. Jouet, — Bodet, — de Daillon, — Petit, — de l'Epronnière, — Dieuzaye, — Simon, — Rabeil, — Jouet, — Bodet.

Saulgé (de) v. Auvé, — Saugé.

Saullerie (de la), v. de la Roche.

Saulnerie (de la), v. de Savonnière.

Sauloux (de), v. Genault.

Saulsaye (de la), v. Moreau.

Saultray (de), v. de la Haye.

Saulx (du), v. de Loubes.

Saumur (la ville de).

De gueules à la fasce bretessée et contrebressée d'argent, maçonnée de sable, en pointe de l'écu une S d'or au chef d'azur chargé de trois fleurs de lis d'or.

Devise : *Mœnia fallunt hostem.*

Audouys, mss. 994, p. 161. — D'Hozier, mss., p. 461, dit :... *Fasce crénelée de deux créneaux de même*... M. Célestin Port blasonne ainsi dans son Dictionnaire de Maine-et-Loire les armoiries de Saumur : *D'azur à une ville naissante crénelée de deux créneaux d'argent, soutenue d'une champagne de gueules, chargée d'un S et surmontée de trois fleurs de lis d'argent :* il rappelle d'après les livres de l'imprimeur R. Hernault du XVIIe siècle cette ancienne devise : *Hic murus ahenæus esto.* — On a mis aussi sous la République par une singulière façon de comprendre le langage héraldique, les lettres R. F. en place des fleurs de lis.

Le corps des officiers de l'Hotel de Ville de Saumur.

D'azur à une porte de ville d'argent surmontée de trois fleurs de lis d'or.

D'Hozier, mss., p. 1000.

Le corps des officiers de la Sénéchaussée de Saumur.

D'azur à trois fleurs de lis d'or posées deux et une, et la lettre S d'argent posée en cœur.

D'Hozier, mss. p. 1006.

Le corps des officiers de l'Élection de Saumur.

D'azur à trois fleurs de lis d'or posées deux et une.

D'Hozier, mss., p. 1000

Le corps des officiers de la Maréchaussée de Saumur.

D'argent à deux bâtons royaux de gueules posés en sautoir.

D'Hozier, mss., p. 997.

Le corps du siège de la Prévôté de Saumur.

D'azur à trois trèfles d'or posés deux et un, et une fleur de lis de même en cœur.

D'Hozier, mss., p. 1017.

Le corps des officiers du Grenier a sel de Saumur.

D'azur à trois fleurs de lis d'or posées deux et une.

D'Hozier, mss., p. 1034.

L'abbaye de Saint-Florent de Saumur.

D'azur à l'épée d'argent la pointe en bas et deux clefs de même les anneaux en cœur, en sautoir, accompagnées de quatre fleurs de lis de...

Le Dictionnaire de Maine-et-Loire donne à l'abbaye les armes suivantes :

D'or à pièces emportées sans nombre de gueules, chacune soutenant un grillet d'argent, écartelé de gueules à trois pals de vair et un chef d'or chargé à dextre d'une merlette de sable et sur le tout de gueules à quatre fasces d'argent.

Ces armoiries sont ainsi dessinées dans l'Histoire manuscrite de l'abbaye de Saint-Florent, par une religieuse de ce monastère, Dom Huynes (Archives départementales de Maine-et-Loire).

Monasticum Gallicanum de Dom Michel Germain, édité par Peigné-Delacour, 1871, pl. 150.

Le chapitre de Saint-Pierre de Saumur.

D'azur à deux clefs adossées d'or passées en sautoir liées avec un ruban d'argent et surmontées d'une thiare papale d'or.

D'Hozier, mss., p. 592.

Le chapitre de Notre-Dame-de-Nantilly de Saumur.

D'azur à une Notre-Dame au naturel habillée d'argent portant l'enfant Jésus aussi au naturel.

D'Hozier, mss., p. 588.

Le chapitre de Saint-Nicolas-de-Billanges de Saumur.

D'azur à un saint Nicolas de carnation vêtu d'une aube d'argent, chapé, mitré et crossé d'or sur une terrasse de sinople.

D'Hozier, mss., p. 590.

La communauté des religieux bénédictins de Saint-Florent de Saumur.

D'azur à une crosse d'or posée en pal, tournée en dedans accostée à dextre d'une clef d'argent et à senestre d'une fleur de lis d'or,

D'Hozier, mss., p. 462. — Histoire de Saint-Florent, par Dom Huynes, manuscrit aux archives départementales de Maine-et-Loire.

Le couvent des religieuses de la Visitation Sainte-Marie de Saumur.

D'or à un cœur de gueules percé de deux flèches d'or, empennées d'argent passées en sautoir au travers du cœur qui est chargé d'un Jésus-Maria aussi d'or à la croix de sable montant au-dessus du cœur, le tout entouré d'une couronne d'épines de sinople, les épines ensanglantées de gueules.

D'Hozier, mss., p. 161.

La communauté des religieux de la Fidélité de Saumur.

D'azur à une Vierge portant entre ses bras l'enfant Jésus d'argent soutenu d'un croissant de même et entourée de rayons d'or.

D'Hozier, mss., p. 162.

La communauté des religieuses des Ursulines de Saumur.

D'azur à trois lis d'or mouvants d'une seule tige feuillée de sinople laquelle sort du milieu d'un buisson d'épines au naturel avec ces paroles autour: « lilium inter spinas ».

D'Hozier, mss., p. 164.

La communauté et le collège des prêtres de l'Oratoire de Notre-Dame-des-Ardilliers de Saumur.

D'azur à un Jésus-Maria écrit en lettres d'or entouré d'une couronne d'épines au naturel.

D'Hozier, mss., pp. 175, 178.

La communauté des Avocats-Procureurs aux sièges royaux de Saumur.

D'argent à un saint Yves de carnation vêtu d'une robe de palais de sable et tenant en sa main un papier plié d'argent.

D'Hozier, mss., p. 1006.

La communauté des Apothicaires de Saumur.

V. Médecins.

La communauté des AUBERGISTES de Saumur.

V. Hotelliers.

La communauté des BAIGNEURS.

V. Barbiers.

La communauté des maîtres BARBIERS, BAIGNEURS, ÉTUVISTES et PERRUQUIERS de Saumur.

D'azur à une fontaine d'or jaillissant son eau d'azur dans trois bassins, les deux premiers ronds et le dernier carré sur une terrasse de sinople.

D'Hozier, mss., p. 593.

La communauté des MARCHANDS DE BOIS ET CHARBONS de la ville de Saumur.

D'argent coupé par un trait de sable; au premier à une buse de sinople en pal accostée de deux fagots de même et au deuxième trois poches de charbon de sable couvertes de genêt de sinople aussi rangée en pal.

D'Hozier, mss., p. 608.

La communauté des BONNETIERS de Saumur.

V. Sergettiers.

La communauté des BOTTIERS de Saumur.

V. Poëliers.

La communauté des BOUCHERS de la ville de Saumur.

De gueules à un bœuf au naturel passant sur une terrasse de sinople orné de fleurs d'or et d'argent entre ses deux cornes, autour de son col et sur son dos.

D'Hozier, mss., p. 594.

La communauté des BOURRELIERS de la ville de Saumur.

V. Selliers.

La communauté des Carreleurs de Saumur.

V. Peintres.

La communauté des Chapeliers de Saumur.

D'argent à un chapeau de sable bordé et accompagné de trois étoiles d'azur posées deux et une.

D'Hozier, mss. p. 598.

La communauté des maîtres Charpentiers et Tourneurs de la ville et faubourg de Saumur.

Parti au premier d'azur à une charpente de dôme d'argent accompagnée en chef d'un compas d'or en pal; à dextre et d'une équerre de même à senestre? et en pointe d'une bisaigüe aussi d'or couchée en fasce; et au deuxième de sable à un lustre ou chandelier à huit branches d'or.

D'Hozier, mss., p. 606.

La communauté des maîtres Chirurgiens de la ville de Saumur.

D'azur à un sceptre d'or sommé d'une main dextre apaumée de même chargé d'un œil au naturel, le sceptre adextré d'une lancette d'argent lamée d'or et senestrée d'un vase aussi d'argent.

D'Hozier, mss., p. 603.

La communauté des maîtres Cordonniers de la ville de Saumur.

D'argent à un saint Crespin de carnation habillé de gueules et d'azur, tenant en sa main senestre une palme de sinople sur une terrasse de même.

D'Hozier, mss. p. 590.

La communauté des Corroyeurs de Saumur.

V. Tanneurs.

La communauté des COUVREURS en ardoise de la ville de Saumur.

D'argent à un impérial couvert d'écailles d'azur en leurs arrestiers d'or, surmonté d'un petit amour tenant dans sa main dextre un marteau de couvreur et appuyant de senestre sur son arc, le tout dor.

D'Hozier, mss., p. 597.

La communauté des MARCHANDS DE DRAPS, DE SOIE, LAINE et MERCERIE mêlés de la ville de Saumur.

D'azur à un navire équipé d'or surmonté de la lettre S d'argent accostée de deux étoiles de même.

D'Hozier, mss., p. 599.

La communauté des MARCHANDS DROGUISTES, ÉPICIERS de la ville de Saumur.

D'azur à une Fortune au naturel, s'appuyant d'un pied sur une boule d'or et supportée par une roue de gueules voguant sur une mer d'argent, tenant dans sa main dextre une écharpe de même et de sa senestre une corne d'abondance d'or.

D'Hozier, mss., p. 596.

La communauté des ÉMAILLEURS de la ville de Saumur.

V. Lapidaires.

La communauté des MARCHANDS ÉPICIERS de Saumur.

V. Marchands droguistes.

La communauté des ÉTUVISTES de la ville de Saumur.

V. Barbiers.

La communauté des marchands FAÏENCIERS de la ville et faubourgs de Saumur.

De gueules à une urne d'argent diaprée surmontée de deux lacrimaires aussi d'argent et diaprée d'azur rangés en chef.

D'Hozier, mss., p. 611.

La communauté des FONDEURS de la ville de Saumur.

D'azur à un saint Hubert de carnation vêtu d'argent la tête entourée de rayons d'or à genoux les mains jointes devant un cerf arrêté au naturel, mouvant du flanc dextre et ayant sur sa tête un crucifix d'or entouré de rayons de même, le saint ayant à son côté senestre un cor de chasse d'or lié et suspendu de gueules et un lion couché au naturel, accolé et bouclé d'or, la tête contournée, le tout sur une terrasse de sinople.

D'Hozier, mss., p. 592.

La communauté des HORLOGEURS de la ville de Saumur.

V. Peintres.

La communauté des HOTELLIERS, AUBERGISTES et TRAITEURS de la ville de Saumur.

D'azur à une étoile rayonnante d'argent.

D'Hozier, mss,, p. 594.

La communauté des JOUAILLIERS de la ville de Saumur.

V. Merciers.

La communauté des LAPIDAIRES, ENCHAÎNEURS en cuivre et ÉMAILLEURS de la ville de Saumur.

Coupé au premier d'azur à une étoile d'argent au deuxième d'argent à une bague de sable le chaton en haut et autour ces mots : « Sceau des lapidaires et baguenaudiers de Saumur. »

D'Hozier, mss., p. 604.

La communauté des MAÇONS de la ville de Saumur.

D'azur à une règle et une équerre passées en sautoir, un compas ouvert en chevron, un plomb en pal, le tout d'or entrelacé et lié l'un avec l'autre par un serpent de même tortillé parmi toutes ces pièces, au-dessus desquelles il lève la tête.

D'Hozier, mss., p. 597.

La communauté des maîtres MARÉCHAUX-FERRANTS de la ville de Saumur.

De sable à un saint Eloi de carnation vêtu d'argent, sa chape, sa mître et sa crosse d'or, ayant en la main dextre un brochoir de même.

D'Hozier, mss., p. 593.

Les MÉDECINS EN CORPS et la communauté des APOTHICAIRES JOINTS.

D'or à un saint Cosme et un saint Damien de carnation vêtus en robes longues de sable fourrées d'hermines.

D'Hozier, mss., p. 1011.

La communauté des MÉGISSIERS de Saumur.

V. Tanneurs.

La communauté des maîtres MENUISIERS de la ville de Saumur.

D'azur à une sainte Anne contournée de carnation vêtue d'or, assise sur un siège d'argent tenant un livre de même sur ses genoux et ayant devant elle la Sainte Vierge debout de carnation, vêtue d'or lisant dans ce livre le tout sur une terrasse de sinople.

D'Hozier, mss., p. 591.

La communauté des MARCHANDS DE MERCERIE de Saumur.

V. Marchands de draps de soie.

La communauté des MERCIERS, GROSSIERS, JOUAILLIERS, QUINCAILLIERS-FERRONS de la ville de Saumur.

D'argent à un saint Louis de carnation habillé de pourpre, d'azur et d'hermines, l'azur semé de fleurs de lis d'or, couronné d'une couronne royale aussi d'or, diadème de même ; tenant en sa main dextre une couronne d'épines et trois clous de la Passion au naturel ; et de sa senestre un sceptre d'or sur une terrasse de sinople.

D'Hozier, mss., p. 589.

La communauté des NOTAIRES ROYAUX de Saumur.

D'azur à trois mains d'argent tenant chacune une plume à écrire d'or et posées deux et une.

D'Hozier, mss., p. 995.

La communauté des ORFÈVRES de la ville de Saumur.

De gueules à une croix engrelée, cantonnée aux premier et quatrième d'un ciboire, aux deuxième et troisième d'une couronne, le tout d'or.

D'Hozier, mss., p. 598.

La communauté des maîtres PATISSIERS, RÔTISSEURS, POULAILLEURS de la ville de Saumur.

D'argent à un saint Michel de carnation, vêtu à la romaine d'azur, de sinople et d'or sa main dextre levée, armé d'un cimeterre de gueules prêt à frapper un diable de sable, qu'il foule aux pieds dans un feu de gueules.

D'Hozier, mss., p. 589.

La communauté des PEINTRES, HORLOGEURS, VITRIERS et CARRELEURS de la ville et banlieue de Saumur.

Parti au premier d'azur à une fleur de lis d'argent, accompagnée de trois écussons de même, deux en chef et un en pointe ; au deuxième d'argent à trois carreaux de gueules posés deux et un.

D'Hozier, mss., p. 606.

La communauté des PERRUQUIERS de la ville de Saumur.

V. Barbiers.

La communauté des marchands POELIERS et BOTTIERS de la ville de Saumur.

D'azur à un encensoir d'or tenu suspendu par une main dextre d'argent, sortant en pal, d'un nuage de même mouvant du chef.

D'Hozier, mss., p. 595.

La communauté des POTIERS D'ÉTAIN de Saumur.

De sable à trois pots d'étain au naturel posés deux et un.

D'Hozier, mss., p. 995.

La communauté des POULAILLEURS de Saumur.

V. Pâtissiers.

La communauté des QUINCAILLIERS de Saumur.

V. Merciers.

La communauté des RÔTISSEURS de Saumur.

V. Pâtissiers.

La communauté des SELLIERS, BOURRELIERS de Saumur.

De sable à un saint Éloi vêtu pontificalement tenant sa crosse de sa main senestre, le tout d'argent, et tenant en sa main dextre un marteau d'or.

D'Hozier, mss., p. 591.

La communauté des maîtres SERGETTIERS, BONNETIERS et TEINTURIERS de Saumur.

D'azur à un peigne de cardeur, le manche en bande et une carde le manche en barre ; ces deux pièces d'argent posées en chef, et des fasces aussi d'argent à une navette de même en pal posées en pointe.

D'Hozier, mss., p. 622.

La communauté des maîtres SERRURIERS de la ville de Saumur.

D'azur à deux clefs d'argent liées ensemble par leur anneau avec un ruban d'or, tenues suspendues par une main dextre de carnation sortant d'une nuée d'argent mouvant du haut du flanc senestre.

D'Hozier, mss., p. 594.

La communauté des maîtres TAILLEURS D'HABITS de Saumur.

D'azur à une Trinité au naturel vêtue d'or et d'argent, entourée d'une gloire d'or supportée par un nuage au naturel.

Légende : *Sceau des maîtres tailleurs d'habits de Saumur.*

D'Hozier, mss. p. 589.

La communauté des maîtres TAILLANDIERS, FAISEURS DE LIMES de la ville et faubourgs de Saumur.

Coupé au premier de sable à une cognée de charron d'argent, posée en fasce et soutenue d'une douloire de tonnelier de même posée en pal au deuxième d'argent à deux limes de sable passées en sautoir.

D'Hozier, mss., p. 604.

La communauté des TANNEURS, CORROYEURS et MÉGISSIERS de Saumur.

De sable à deux couteaux de tanneur d'argent emmanchés d'or posés en sautoir.

D'Hozier, mss., p. 991.

La communauté des TEINTURIERS de Saumur.

V. Sergettiers.

La communauté des maîtres TONNELIERS EMPILLEURS de la ville de Saumur.

D'azur à une tonne d'or posée sur son cul, adextrée d'une jauge d'argent, marquée de sable posée en pal et senestrée d'une chaîne de tonnelier aussi d'argent et posée en pal.

D'Hozier, mss., p. 593.

La communauté des TOURNEURS de la ville de Saumur.

V. Charpentiers.

La communauté des TRAITEURS de la ville de Saumur.

V. Hôtelliers.

La communauté des VITRIERS de la ville de Saumur.

V. Peintres.

Saunay (de), v. Fétars et Frétars.

Saunières (des), v. du Boul.

Saussaie (de la), — des Briottières, — de la Ferronnière, — de la Houssaye, — de la Lezardière, — de l'Arthusière, — de la Rousselière.

D'argent à la bande de gueules chargée de trois losanges d'or.

Roger, mss. 995, p. 14. — Audouys, mss. 994, pp. 162, 164. — Le mss. 703, dit :

De gueules à trois coquilles d'or.

Gohory, mss. 972 ne donne pas d'armoiries aux branches des Briottières et de la Ferronnière.

Sautray ou **Sautré** ou **Santré** (de), v. de Daillon, — de Chabannes, — Le Clerc, — de Varennes-Gode, — de Beaumont.

Sautrière (de la), v. Le Gay.

Sauvage.

De gueules à trois vaches sauvages d'argent vissées d'or.

Cart. de la Primaudière en 1269, cité par Gencien, mss. 996, p. 64.

Sauvageau de la Druère.

D'or à cinq cotices de gueules au canton de sable.

Audouys, mss. 994, p. 162. — Roger, mss. 995, p. 18. — Gohory, mss. 972, p. 52. — Gencien, mss. 996, p. 63, dit... *D'argent à cinq cotices de gueules au franc quartier de même.*

Sauvageot des Burons.

D'argent à un arbre planté de sinople.

De Courcy.

Sauvagère (de la), v. Mullet, — Le Royer, — de Martineau, — de la Roche, — Gaultret, — Gourreau, — Guinoiseau, — de Cambout.

Sauvagerie (de la), v. de Gazeau.

Sauvaing de Daon, — de Palets ; — dont Jean taxé six écus pour la rançon du roi Jean en 1360.

D'hermines à la croix pattée de gueules.

Le mss. 703, écrit « Souvaing ». — Sculp. à l'abbaye de Bonlieue.

Sauve (de), v. de Frettars.

Sauvestre.

D'azur à un sauvage d'argent.

D'Hozier, mss., p. 1416.

Sauvigny (de), v. Berthelot.

Savary.

De sable à un lion d'or.

D'Hozier, mss., p. 1015.

Savary de la Crillouère ; — dont Hugues taxé quatre écus pour la rançon du roi Jean en 1360 entre les nobles de Montjean, et Olivier taxé un écu entre les nobles de Chasteauceaux.

D'argent au chef de gueules chargé de deux fasces vivrées d'hermines.

Mss. 703.

Savary de Tessé, — de la Motte-Loriay, — de la Belonnière.

D'or à la croix pattée et engrelée de gueules.

Audouys, mss. 994, p. 160. — Cauvain.

Savary de Bretignolle, — des Brulons, — de l'Échasserie ; dont deux chevaliers de Malte, Léon en 1528, et François en 1539 ; Jacques, examinateur des comptes des Domaines d'Occident, mort en 1690.

D'argent à la croix de gueules à la bordure de pourpre, chargée de neuf besans d'argent.

Audouys, mss. 994, p. 165. — Gaignières, Armorial mss., p. 62. — Mss. 703.

Savary (de) de Vivode, — de Trèves, — de Chezengontier.

Ecartelé aux premier et deuxième d'or ; aux troisième et quatrième de sable.

La branche cadette a écartelé comme ci-dessus : *Au lambel de gueules sur les deux quartiers du chef.*

Histoire de Sablé, p. 176. — Audouys, mss. 994, p. 161. — Mss. 995, pp. 57, 114. — Gencien, mss. 996, p. 63.

Savennières, v. Savonnières.

Savetier de Chambon.

D'azur à un chevron d'argent accompagné en chef d'un cœur, à dextre d'un croissant montant à senestre et en pointe d'un cygne le tout d'or nageant sur une mer d'argent.

Orfèvrerie XVIIIe siècle.

Savigny (de), v. Jamin, — Le Royer.

Savoie (Honorat, bâtard de) comte de Tendes, et de Beaufort en Anjou.

Écartelé aux premier et quatrième de gueules à la croix d'argent, aux deuxième et troisième contre-écartelé aux premier et quatrième de gueules à l'aigle éployée d'or aux deuxième et troisième de gueules au chef d'or

Note mss. de M. de Crochard, — Verrières de l'église de Beaufort-en-Vallée XIXe siècle.

Savonnières (de).

De gueules à une bande d'or, écartelé d'or à une fasce de gueules.

D'Hozier, mss., p. 1511. — V. Beaumont

D'or à une bande de sable, écartelé de sable à une bande d'or.

D'Hozier, mss., p. 1528. — V. de la Tulaye, — de Sacé, — de la Haye, — du Tertre.

Savonnières (Pierre de), abbé de Turpenay.

De... à la croix de... accompagnée de quatre roses de...

Devise : *In hoc signo vinces.*

Dessin de Gaignières à Oxfort, tome I, p. 572, d'après une peinture dans le chœur de l'église de l'abbaye de Turpenay.

Savonnières de la Troche, — d'Entre-deux-Bois, — de la Bretêche, — de Lignière, — de la Saulnerie, — de Rousson, — de Maulne, — de la Lande-Cheorcin, — de Brulon, — de Chasteauceaux, — de Chalonne, — de la Maison Rouge ; — dont un garde du corps, tué dans les journées d'octobre 1789 ; Mathurin, évêque de Bayeux, en 1583.

De gueules à la croix pattée et alaisée d'or.

Cri de guerre : *Diex li volt.*

Les cadets brisaient avec *une bordure d'or.* — Gohory, mss. 972, pp. 10, 127. — D'Hozier, mss. pp. 137, 294, 347, 308, 601. — Armorial mss. de Dumesnil, p. 18. — Mss. 703. — Roger, mss.,

995, p. 3. — Gaignières, Armorial mss., p. 6. — Mss. 995, p. 84. — Gencien, mss. 996, p. 63. — Laurent Bonaventure Lancelot de Savonnières écartelait :

Au premier de Beaupréau qui est : *d'argent à une fasce fuselée de gueules de cinq pièces accompagnée de sept croix bourdonnées de même ; quatre en chef et trois en pointe ; au deuxième* de Brye-Serrant qui est *d'argent à quatre fasces de sable au lion de gueules brochant sur le tout ; au troisième* de Mathefelon qui est *de gueules à six écussons d'or ; au quatrième* de Beauveau-Pimpéan qui est *d'argent à quatre lions de gueules cantonnés, couronnés, lampassés et armés d'or, à l'étoile d'azur en cœur ;* et sur le tout de Savonnières qui est *de gueules à la croix pattée et alaisée d'or.*

Audouys, mss. 994, p. 160.

Saxe (de).

Parti de pourpre au cheval rampant d'argent qui est de Saxe ancien, *parti fascé d'or et de sable de dix pièces à une demi-couronne de sinople périe en bande.*

Mss. 995, p. 55.

Saxefontaine (de), v. de Saint-Belin.

Saye (de la), v. Dolbeau.

Sayette (de la)

D'azur à trois pointes de flèches d'argent.

Sculpt, au château du Plessis-Baudouin. — Ces armes ont été par erreur attribuées ci-dessus aux de la Fayette.

Sazé (de) de Tillon.

De sable à deux épées d'argent posées en sautoir la pointe en bas.

Sceau. — V. de Jousseaume.

Sazilly (de), v. de Sacé.

Sceaux, v. de Montalais.

Scepeaux (de) du Houssais, — de Saint-Brice, — de Maubon, — de Bouche-d'Uzure, — de l'Épronnière, — de la Chatière, — de Gaubert, — de Vieilleville ou Vieuville, — de Durtal, — de Chemillé, — de Beaupréau, — de la Cherbonnerie, — de Beauchesne, — de Boisguignot, — de Landevy, — de Chalonge, — du Chemin, — de Moulinvieux, — de la Roche, — de la Motte-de-Balot, — de la Mortraye, — du Coudray, — de la Rochovoient, — de la Roche de Noyant, — de Saint-Sauveur, — de Bécon; — dont Madeleine-Joseph-Catherine, abbesse de Nyoiseau, 1760-1790; François, dit le maréchal de la Vieuville, en 1571; Marie, chef vendéen en 1794; Yves, premier président au Parlement de Paris, recteur de l'Université d'Angers, mort en 1463.

Vairé et contrevairé d'argent et de gueules de six ou huit pièces.

Devise : *Spem in contra spem.*

Cimier : *Un cerf.*

Supports : *Deux lions.*

Mss. 703. — Armorial mss. de 1608, p. 20. — Salle des Croisades. — Armorial mss. de Duplessis, p. 14. — Audouys, mss. 994, pp. 67 et 160. — Gaignières, Armorial mss., p. 11. — D'Hozier, mss., pp. 95. 138, 140, 143, 520, 429, 430. — Gencien, mss. 996, p. 33. — Portrait du temps gravé par Moitte. — Yves de Scepeaux écartelait aux deuxième et troisième d'Amboise qui est *pallé de six pièces d'or et de gueules et sur le tout d'or à deux fasces de gueules.* — Gaignières, Armorial mss., p. 11, dit... *Vairé d'argent et de gueules*, et Gohory, mss. 972, p. 50 : *Vairé d'argent et d'azur*

Schomberg (de) d'Espinay, — de Durtal, — du Dalvin, — de Nanteuil.

D'or au lion coupé au premier de gueules au deuxième de sinople, armé, couronné et lampassé d'or.

Audouys, mss. 994, p. 161. — Le mss. 993 et le mss. 995, p. 66, ne disent pas *armé, couronné et lampassé d'or.*

Un dessin du mss. 993 est : *Ecartelé aux premier et quatrième d'azur à la croix engrelée d'argent ; au deuxième* de Schomberg, comme ci-dessus ; *au troisième contre-écartelé aux premier et quatrième d'or et aux deuxième et troisième d'azur ; sur le tout de gueules à la bande d'or, et la bordure de vair,*

Schramm (de).

D'or à un arbre de sinople sur un tertre de même supporté à dextre par un lion de gueules ; au franc quartier de gueules à une épée d'argent en pal.

Sceau.

Schumenter (de) ; — dont Michel, sieur de la Roche-Garenne et de Saint-Laurent-du-Mortier, originaire d'Allemagne, conseiller et chambellan de Louis, duc d'Anjou, en 1376.

Mss. 439. — Ses descendants prirent le nom de Perray. — V. du Perray.

Sciette.

De gueules à un lion d'or.

D'Hozier, mss., p. 907.

Scolin (de), v. d'Escolin.

Scondini (de), v. Cossé.

Seaux (de), v. Declesia.

Sebille.

De gueules à une croix ancrée d'argent.

D'Hozier, mss., p. 1008. — V. Sibille.

Sébille de la Buronnière.

D'azur à une bande d'or chargée de trois roses de gueules.

Roger, mss. 995, p. 7.

Secherie (de la), v. Carion.

Secondliet (de), v. des Patis.

Segré (de), v. Vendosme, — Montberon, — d'Espinay, — de Beaumont, — Bautru, — de Craon.

Segré (la ville de).

D'argent à une bande d'azur ; écartelé d'azur à un pal d'argent.

D'Hozier, mss., p. 1506.

Seguin.

D'azur à six besans d'or posés trois, deux et un.

D'Hozier, mss., p. 1276.

D'azur à trois cannes d'argent rangées sur une rivière de même.

D'Hozier, mss., p. 898.

Seguin de Beauvais, — de Cohardy ou de Couthardy, — d'Athenay ; — dont un médecin à Angers, physicien de la reine de Sicile, en 1448.

Parti d'argent au chevron de gueules brisé en pointe d'un soleil d'or, accompagné en chef de deux roses de gueules et en pointe d'un roc d'échiquier de même ; parti d'azur à trois trèfles et d'une étoile d'or en racine qui est Eveillard.

Mss. 993.

Seguinière (de la), v. de Beauveau, — de Thorodes.

Seiches (le prieuré de), dépendant de l'abbaye du Ronceray d'Angers.

D'azur à une fleur de lis d'argent.

D'Hozier, mss., p. 517.

Seille (de), v. Mesmin.

Seillons (de) de Souvigné, — de la Roche-Boisseau; — dont Jean, évêque de Senez, en 1409; René, recteur de l'Université d'Angers, en 1698.

Écartelé aux premier et quatrième d'argent à six losanges de gueules posés trois, deux, un; aux deuxième et troisième d'azur? à un lion rampant d'or?

Gohory, mss. 972, p. 18. — Audouys mss. 994, p. 162. — Le mss. 995, p. 95, dit *de gueules à une bande d'argent.* — Gencien, mss. 966, p. 63, dit seulement *les deuxième et troisième d'argent.*

Seillons (de) de la Barre, — de Viré, — de Grugé.

D'or fretté de gueules au chef d'or, engrelé de sable.

D'Hozier, mss., p. 89. — Audouys, mss. 994, p. 162. — Duplessis, armorial mss., p. 18, dit *au chevron de gueules l'écu bordé et engrelé de sable.* — Roger, armorial mss., p. 16, dit *de sable fretté d'or au chef d'or bordé, engrelé de gueules,* comme Gencien, p. 64. — Audouys, mss. 994, p. 162 cite aussi les armes suivantes :

D'or ou fretté de gueules de six pièces au chef d'or, l'écu à la bordure engrelée d'azur;

Ecartelé au premier de gueules au léopard d'argent; au deuxième d'argent à trois têtes de loup de sable; au troisième d'argent à une fasce de gueules accompagnée de trois molettes de même; au quatrième d'argent à une fasce d'azur chargée de trois croisettes d'or, accompagnée de trois annelets de même posés deux et un.

D'Hozier, mss., p. 693 donne aux de Seillons de la Barre : *d'argent à un léopard de gueules.*

Seines (de), v. de Chabannes.

Séjourné.

D'or à une fasce de gueules accompagnée de trois merlettes de sable.

D'Hozier, mss., p. 877.

Selinaie (de la), v. du Mortier.

Selle (de la) ou de la Celle ou de la Scelle, — de la Sécardais, — de Châteaubourg, — d'Échuilly, — de la

Jeardais, — des Poiriers, — de la Mettrie, — de la Selle-en-Coglès ; — dont Mathieu, figurant parmi les seigneurs de Bretagne dans la reconnaissance des hommes d'armes qu'ils doivent à l'armée du duc, en 1294 ; Geoffroy, qui suivit à à Tunis le duc de Bourbon et fut tué pendant le siège de cette ville, en 1390 ; Jean, gouverneur de Saint-Aubin-du-Cormier ; Paul, ancien page du roi et officier au régiment de Condé, 1813.

De sable au croissant montant accompagné de trois quintefeuilles posées deux et une, le tout d'or.

Devise : *Recte et fortiter.*

Supports : *Deux griffons debout.*

Sceau. D. P. — Dom Morice. Hist. de Bretagne, tome II. — Nobiliaire de Bretagne, de 1780 à la Bibliothèque nationale, p. 62.

Selle (de la) d'Échully.

D'or à un arbre de... soutenu par un croissant montant le chef de gueules.

Sceau XVIIIe siècle.

Selle-Craonnaise (de la).

D'or à trois chefs de lion arrachés de gueules lampassés de même, éclairés et armés d'argent posés deux et un.

Gaignières, Armorial mss., p. 18. — Audouys, mss. 994, p. 166. — Roger, mss. 995, p. 9. — Gohory, mss. 972, p. 36. — Gaignières, Armorial, p. 18. — Gencien, mss. 996, p. 64. — V. de Saint-Amadour, — Hullin.

Selonne (le prieuré de), v. Châteauneuf.

Semblançay (de), v. d'Aubusson.

Sémur (de), v. du Fraisne.

Senaudière (de la), v. de la Haye.

Senecé (de), v. des Aubiers.

Seneil, v. Petit.

Senerie (de la), v. Le Bel.

Senonnes (de), v. de la Motte-Baracé, — Marquis, — de la Motte.

Senot (de).

De sable à trois merlettes d'argent posées deux et une.

Sceau.

Sensiers (de), v. des Hommes.

Sepmes (de), v. Gillier.

Sept-Forges (de), v. Mondamer.

Serain (de), v. Damour.

Sereau (de), v. du Serreau.

Sererie (de la), v. de la Serrerie.

Serezin de la Peraudière; — dont Sébastien, maire d'Angers en 1665-1666.

D'azur au chevron d'or accompagné de trois croissants d'argent posés deux et un.

Audouys, mss. 994, p. 161. — Mss. 993. — D'Hozier, mss., p. 145. — Gencien, mss. 996, p. 8. — V. Le Gouz.

PRINCIPALES ABRÉVIATIONS USITÉES DANS L'ARMORIAL

P. Anselme. — La science héraldique, 1675, in-4°. — Histoire généalogique de France, 9 vol. in-fol., 1726.
Armorial mss. de 1608. — Dans le recueil mss. 995 de la Bibliothèque d'Angers.
Audouys, mss. 994. — Armorial du XVIIIe siècle, mss. 994 de la Bibliothèque d'Angers.
Ballain. — Annales d'Anjou, mss. 867 de la Biblioth. d'Angers.
Beauchet-Filleau. — Dictionnaire général du Poitou, 1849-1854, 2 vol. in-8°.
Bruneau de Tartifume. — Angers, mss. 871, à la Bibl. d'Angers.
Carré de Busserolle. — Armorial de Touraine publié en 1867, in-8°.
Cauvin. — Armorial du Maine, publié en 1843, in-18. — Supplément par M. de Maude, 1860, in-12.
Chevaliers du Saint-Esprit. — Mss. E. 285. au Prytanée militaire.
De Courcy. — Armorial de Bretagne, publié par Potier de Courcy en 1862, 2e édition, 3 vol. in-4°.
D. P. — Note communiquée.
Dumesnil. — Armorial de Dumesnil d'Aussigné, XVIIe siècle, dans le recueil mss. 995 à la Bibliothèque d'Angers.
Gaignières. — Armor. mss. de Gaignières, à la Biblioth. nationale.
Gencien. — Armorial (attribué jusqu'ici à Gohory) dressé par Gencien d'Érigné, XVIIIe siècle, mss. 996 de la Bibl. d'Angers.
D'Hozier mss. — Armorial général officiel dressé de 1696 à 1706, mss. de la Bibliothèque nationale, — généralité de Tours (à moins d'indications contraires).
La Chesnaye-des-Bois. — Dictionn. de la noblesse, édit. de 1869, 15 vol. in-4°.
Lehoreau. — Cérémonial de l'église d'Angers, 1692-1720 mss. à la bibliothèque de l'Evêché d'Angers.
Louvan Geliot. — La vraie et parfaite science des armoiries, in-fol., 1664.
Mss. 14. — Généalogies angevines, 1666, originaux du cabinet des titres, à la Bibliothèque nationale.
Mss. 439. — Maintenue de la noblesse de la généralité de Tours, en 1666, mss. à la Bibliothèque nationale.
Mss. 703. — Arm. mss. d'Anjou du XVIIIe siècle, Bibl. nationale.
Mss. 972 et 983. — Arm. mss. de Gohory, 1608, Bibl. nationale.
Mss. 993. — Collection de notes héraldiques, recueil de la Bibliothèque d'Angers.
Mss. 995. — Armor. mss. du XVIIe siècle, à la Biblioth. d'Angers.
Mss. 999 à 1001. — Armoriaux des chevaliers du Croissant, XVIIe siècle, à la Bibliothèque d'Angers.
Mss. d'Orléans. — Armorial d'Anjou, dressé en 1698, mss. à la Bibliothèque d'Orléans.
Ménage. — Histoire de Sablé (première partie), 1683.
C. Port. — Diction. de Maine-et-Loire, 3 vol. in-8° (1869-1878).
Roger, mss. — Rôle des nobles, écrit par B. Roger au XVIIe siècle, mss. 995 de la Bibliothèque d'Angers.
Sainte-Marthe. — Histoire généalogique de France, 2 vol. in-fol., 1628.
Sceaux. — Sceaux d'après les empreintes ou les matrices.
Versailles, croisades. — Peintures de la salle des Croisades, palais de Versailles.

OUVRAGES RELATIFS A L'ANJOU ET AU MAINE

MONOGRAPHIE DE NOTRE-DAME DE BEAUFORT, **église et paroisse**, de l'origine jusqu'à nos jours, par M. Joseph DENAIS. — Un beau vol. in-8°, gravures et plans.

Le même, in-12 de 563 pages, gravures et plans, 4 fr.

HISTOIRE DE L'HOTEL-DIEU DE BEAUFORT (1412-1871), par le même auteur. — In-12 en deux couleurs, 1 fr. 50.

UNE MAISON D'ÉDUCATION PENDANT TROIS SIÈCLES : le collége de Beaufort fondé en 1577, par le même auteur (*pour paraître prochainement*).

LE CHATEAU DE BEAUFORT, ses comtes et ses seigneurs, par le même auteur (*en préparation*).

LE PAPE DES HALLES, RENÉ BENOIST, angevin, évêque de Troyes, surintendant du collége de Navare, conseiller du roi, doyen de la Faculté de Théologie de Paris, confesseur de Marie Stuart et de Henri IV, curé de Saint-Eustache de Paris (1521-1608), par le même auteur. — In-8°, papier vergé de Hollande, portrait sur cuivre du XVIIe siècle, 5 fr.

L'ABBAYE DE CHALOCHÉ, au diocèse d'Angers (1119-1790), par le même auteur. — In-8°, papier de Hollande.

JEAN TARIN, angevin, recteur de l'Université de Paris (1580-1666), par le même auteur. — Brochure in-8°, papier de Hollande.

OLIVIER LEVÊQUE ET LA FONDATION DU COLLÉGE DE SABLÉ EN 1602, par le même auteur. — In-8°, papier de Hollande.

LES VICTIMES DE QUIBERON, d'après le manuscrit du général Lemoine, par M. Joseph DENAIS. — In-8°, papier de Hollande, 3 fr.

DAVID D'ANGERS, sa vie, son œuvre, ses écrits et ses contemporains, par M. Henry JOUIN, ouvrage couronné par l'Académie française. — 2 vol. grand in-8° richement illustrés. Prix : 50 fr. Sur papier de Hollande, 200 fr.

LIBRAIRIE GERMAIN ET G. GRASSIN, ANGERS.

OUVRAGES RELATIFS A L'ANJOU ET AU MAI

MONOGRAPHIE DE NOTRE-DAME DE BEAUFORT, église paroisse, de l'origine jusqu'à nos jours, par M. Joseph DENAIS. Un beau vol. in-8°, gravures et plans.

Le même, in-12 de 563 pages, gravures et plans. 4 fr.

HISTOIRE DE L'HOTEL-DIEU DE BEAUFORT (1412-1871), par même auteur. — In-12 en deux couleurs, 1 fr. 50.

UNE MAISON D'ÉDUCATION PENDANT TROIS SIÈCLES : collége de Beaufort fondé en 1577, par le même auteur (*pc paraître prochainement*).

LE CHATEAU DE BEAUFORT, ses comtes et ses seigneurs, I le même auteur (*en préparation*).

LE PAPE DES HALLES, RENÉ BENOIST, angevin, évêque Troyes, surintendant du collége de Navare, conseiller du r doyen de la Faculté de Théologie de Paris, confesseur de Ma Stuart et de Henri IV, curé de Saint-Eustache de Paris (15 1608), par le même auteur. — In-8°, papier vergé de Hollan portrait sur cuivre du XVII° siècle, 5 fr.

L'ABBAYE DE CHALOCHÉ, au diocèse d'Angers (1119-1790), I le même auteur. — In-8°, papier de Hollande.

JEAN TARIN, angevin, recteur de l'Université de Paris (15 1666), par le même auteur. — Brochure in-8°, papier de Hollan

OLIVIER LEVÊQUE ET LA FONDATION DU COLLÉGE DE SAB EN 1602, par le même auteur. — In-8°, papier de Hollande.

LES VICTIMES DE QUIBERON, d'après le manuscrit du géné Lemoine, par M. Joseph DENAIS. — In-8°, papier de Hollande, 3

DAVID D'ANGERS, sa vie, son œuvre, ses écrits et ses conte porains, par M. Henry JOUIN, ouvrage couronné par l'Acadén française. — 2 vol. grand in-8° richement illustrés. Prix : 50 Sur papier de Hollande, 200 fr.

www.ingramcontent.com/pod-product-compliance
Lightning Source LLC
LaVergne TN
LVHW020407230826
846091LV00004B/1181

* 9 7 8 2 0 1 2 8 7 4 4 2 8 *